LES ÉDITIONS CARDINAL

PRÉSENTENT

# TROIS FOIS PAR JOUR

## DESSERTS

PAR

MARILOU &
ALEXANDRE CHAMPAGNE

# 3 fois par jour

## DESSERTS

cardinal

SAVON

TROIS FOIS PAR JOUR — DESSERTS

*Marilou & Alexandre Champagne*

---

**Directrice de création et textes :** Marilou
**Photographe :** Alexandre Champagne
**Photographe des pages 2, 8, 11, 21, 24, 28, 34, 55, 64, 84, 86, 134, 136, 168, 176, 186, 215, 240, 243, 244, 262, 266, 269 et 286 :** Virginie Gosselin
**Photographe de la couverture :** Andréanne Gauthier
**Retouches des photographies :** Virginie Gosselin
**Consultante culinaire :** Véronique Paradis
**Chefs et stylistes culinaires :** Geneviève Paradis-Michaud et Noémie Graugnard
**Directrice artistique, designer graphique et styliste visuelle :** Anne Sylvestre
**Accessoiriste :** Anabel Collin-Lalonde
**Graphiste :** Laurence Fontaine
**Éditrice :** Emilie Villeneuve
**Réviseures et correctrices d'épreuves :** Mélanie Dubé et Flavie Léger-Roy
**Coordinatrices :** Sofia Oukass, Candice Bouchez et Mathilde Bessière
**Nutritionniste :** Annie Ferland

Un ouvrage sous la direction éditoriale d'Antoine Ross Trempe

---

Publié par :
LES ÉDITIONS CARDINAL
7240, rue Saint-Hubert
Montréal (Québec) H2R 2N1
www.editions-cardinal.ca

Dépôt légal : 3e trimestre 2018
Bibliothèque et Archives nationales du Québec
Bibliothèque et Archives Canada
ISBN : 978-2-924646-34-2

Nous reconnaissons l'aide financière du gouvernement du Québec - Crédit d'impôt remboursable pour l'édition de livre et programme d'Aide à l'édition et à la promotion - SODEC.

Financé par le gouvernement du Canada
Funded by the Government of Canada
Canada



ISBN : 978-2-924646-34-2
IMPRIMÉ AU CANADA

# L'ÉQUILIBRE DES PLAISIRS

Il fut un temps où les desserts me faisaient terriblement peur. Je dirais même qu'ils me hantaient. Je me sentais si isolée dans cette détresse et si différente parce que les gens autour de moi avaient peur des choses normales. On a le droit d'avoir peur du noir, de la solitude et de l'échec, mais pas de la nourriture. Du moins, c'est ce que je me faisais croire et que je me répétais sans cesse.

Ce qui me terrifiait, en fait, c'était de perdre le contrôle, de grossir, de tomber dans la compulsion ou dans la dépendance. Et tous les commentaires anodins que j'entendais autour de moi, surtout concernant la consommation d'aliments sucrés, renforçaient ma culpabilité.

Mon obsession s'est glissée doucement dans ma tête et s'y est installée si naturellement et si confortablement que je lui ai fait une maison. Je la nourrissais de tout ce dont elle avait besoin pour se sentir de plus en plus à l'aise, jusqu'à ce que je me sente de trop parfois. Qui étais-je ? Une victime de la faim qui m'attaquait chaque jour, plusieurs fois. Je mangeais le strict minimum pour survivre. Disons que j'étais loin du jour où j'allais écrire un livre sur les desserts dans le plaisir pur et sincère.

Mais j'y suis. Et ça me touche immensément de voir que les grands changements qu'on instaure dans notre vie, pour notre bien-être, peuvent être durables.

Ces vieux réflexes du temps où je cohabitais avec l'anorexie me guettent encore par moments, surtout depuis le début de ma deuxième grossesse inattendue. Les changements radicaux et tellement rapides de mon corps me replongent parfois, ne serait-ce que quelques secondes, dans un état qui me donne le vertige. Mais je n'y accorde aucune importance ni crédibilité, et je retrouve rapidement le chemin vers ce qui est vrai.

Et c'est tout ce bagage qui m'a permis de donner vie à un livre sur les desserts en toute liberté et dans le détachement total de tout ce qui est autre que le plaisir. Et pour moi, le plaisir et l'équilibre vont ensemble. C'est pourquoi mes idées voyagent entre la gourmandise et la légèreté.

Je me sens encore et toujours inspirée par la simplicité et le beau. Comme si l'absence de flafla était presque une chose en soi et que je la recherchais dans ma cuisine (et dans ma vie, en général). Et j'ai besoin d'être capable de réaliser des recettes faciles, à travers mon quotidien un peu fou, sans me sentir imposteur parce que je ne suis pas une vraie chef. Peu de gens le sont, et pourtant, je crois que tout le monde a le droit de faire des gâteaux et de les réussir, et ce, sans se casser la tête ni se mettre trop de pression.

On a besoin d'être confiant quand on sert de la nourriture à nos invités, et on a aussi besoin d'arrêter de se justifier d'avance en disant qu'il existe une possibilité que le résultat ne soit pas parfait. Parce que quand c'est bon, c'est génial pour le ventre, et au pire, si c'est ordinaire, ce sera une belle anecdote en devenir.

Dans ce livre, je me suis concentrée sur la rédaction des recettes de manière à ce que chaque manipulation soit excessivement facile à comprendre et à réaliser pour tout le monde. Pour qu'on s'amuse, qu'on se trouve bon.

Si je peux cuisiner tout ce qui se trouve à travers les pages que je vous offre, je vous le jure, vous le pouvez aussi.

Et si je peux manger tous ces desserts avec tant de plaisir après avoir traversé un trouble du comportement alimentaire, je vous le jure, vous le pouvez aussi.

Avec beaucoup d'amour,

—

MARILOU

1 teaspoon
5.0 cc
1/2 teaspoon
2.5 cc
1/4 teaspoon
1.25 cc

*L'étonnement, des fois, est dans les choses les plus simples.*
*Enfin, est-ce que le nouveau luxe ça ne serait pas la simplicité ?*

ALAIN DUCASSE

# CATÉGORIES

## À OFFRIR

Les recettes marquées « À offrir » ont toutes été conçues dans l'optique de dire merci à ceux qu'on aime. Que ce soit à l'occasion d'un anniversaire, en guise de cadeau d'hôte ou pour souligner un départ à la retraite, toutes les raisons sont valables pour gâter les gens qui nous entourent.

## POUR RECEVOIR

Les recettes marquées « Pour recevoir » sont des recettes idéales lorsque la visite débarque. Elles permettent de résoudre le casse-tête des réceptions en proposant d'alléchants desserts en bonne quantité et qui satisferont les palais les plus difficiles.



## ÉCONOMIQUE

Les recettes marquées « Économique » sont des recettes qui n'exigent que très peu d'ingrédients ou dont la plupart sont des aliments de base qui se trouvent déjà dans votre garde-manger ou votre réfrigérateur.

## RAPIDE

Les recettes marquées « Rapide » sont des recettes qui se cuisinent en moins de 30 minutes incluant la préparation et le temps de cuisson. Elles peuvent toutefois nécessiter un temps de repos avant d'être servies. Ces recettes sont donc idéales pour ceux qui ont peu de temps à consacrer à la pâtisserie.



## LÉGER

Les recettes marquées « Léger » sont des recettes fraîches qui contiennent peu de gras et de sucre. Généralement à base de fruits, elles sont idéales pour un dessert moins gourmand.

COUP DE CŒUR

## MES COUPS DE CŒUR

*Les recettes marquées du sceau « Coup de cœur » sont mes 20 recettes préférées de ce livre. Ce fut très difficile de choisir, croyez-moi.*

## VÉGÉTALIEN

Les recettes marquées « Végétalien » sont des recettes qui ne contiennent aucun produit d'origine animale : viande, gélatine, œufs, lait animal, miel, etc. Ces recettes proposent une nouvelle approche de plus en plus répandue en pâtisserie.

## SANS ŒUFS

Les recettes marquées « Sans œufs » ont été conçues en portant une attention particulière aux personnes allergiques. Ces recettes ne contiennent aucun œuf.

## SANS NOIX

Les recettes marquées « Sans noix » ont été conçues en portant une attention particulière aux personnes allergiques. Ces recettes ne contiennent aucune noix et aucune arachide.

## SANS LACTOSE

Les recettes marquées « Sans lactose » ne contiennent aucune trace de lactose. Toutefois, on trouve désormais du yogourt, du lait et de la crème sans lactose dans les supermarchés, ce qui représente une option intéressante pour les gens concernés.

## SANS GLUTEN

Les recettes marquées « Sans gluten » ne contiennent aucun produit qui renferme du blé. Une attention particulière a également été portée aux autres aliments reliés de près ou de loin à l'intolérance au gluten qui peuvent être reconnus grâce à l'acronyme SABOT (seigle – avoine – blé – orge – triticale). Toutefois, comme on trouve du gluten dans certaines épices, des extraits, des arômes et des colorants artificiels, il est nécessaire de vérifier auprès de chaque compagnie la provenance de leurs ingrédients.

# NIVEAUX DE DIFFICULTÉ

Une erreur que j'ai souvent faite dans ma vie de lectrice compulsive de livres de recettes est d'évaluer le niveau de difficulté d'une recette selon le nombre d'étapes à réaliser. Je me disais : « Plus c'est long, plus c'est difficile ! » Bon, dans certains cas, c'est probablement vrai, mais je tiens à souligner qu'en ce qui concerne mes recettes, c'est faux !

Si on dit de ne pas juger un livre par sa couverture, moi je vous dis de ne pas juger mes recettes, surtout dans ce livre, par leur nombre de mots. J'essaie tellement d'être précise que j'aime parfois ajouter des petites spécifications directement dans les étapes des recettes afin de faciliter votre compréhension de celles-ci. Ça augmente le nombre de mots, mais ça apporte aussi beaucoup de clarté, à mon avis.

J'ai décidé d'identifier le niveau de difficulté des recettes du livre pour vous donner une idée de ce qui vous attend et pour vous aider à mieux repérer ce qui est ultra-facile ou ce qui représente un petit projet.

## ULTRA-FACILE

On parle ici de recettes qui ne nécessitent aucune attention. Il s'agit donc souvent de simplement assembler ou de mélanger tous les ingrédients, ce qui rend le tout, et je le dis avec beaucoup d'assurance, impossible à manquer.

## FACILE

Une recette passe automatiquement de la catégorie ultra-facile à facile lorsqu'il y a une étape qui nécessite une petite attention. Alors, si on doit faire fondre du chocolat, par exemple, je considère que la recette est un cran plus difficile à réaliser. J'évalue le risque que vous oubliiez votre chocolat sur le feu et que ça crame. Mais on s'entend que le risque est très mince.

## PETIT PROJET

Une recette passe automatiquement de la catégorie facile à petit projet lorsqu'une manipulation comme « monter des blancs en neige » est impliquée ou lorsqu'un plus grand nombre d'étapes, donc un peu plus d'attention, est nécessaire pour réaliser la recette.

# 4 TRUCS À SAVOIR

## LES ŒUFS

On n'y pense pas toujours, mais la taille des œufs qu'on utilise peut avoir un impact important sur la quantité de liquide dans une recette. Il faut savoir que toutes les recettes de ce livre ont été réalisées avec des œufs de taille « gros ». Évidemment, il est possible de réaliser les recettes avec des œufs d'autres tailles, mais pour un résultat parfait, il faudra ajuster la quantité en conséquence.

*Voici comment faire :*

*Si vous utilisez des œufs « extra gros », il faut simplement les battre dans un petit bol, puis retirer 1 c. à thé par œuf du liquide obtenu.*

*Si vous utilisez des œufs « moyens » ou « petits », il faut alors ajouter 1 c. à thé d'eau par œuf initialement prévu dans la recette.*

## LE BEURRE

Toutes les recettes du livre ont été réalisées avec du beurre non salé. Ça nous permet d'avoir une plus grande précision quant aux quantités de sel proposées dans les recettes. Si vous n'avez que du beurre demi-sel ou salé, ne vous empêchez surtout pas de faire une recette, mais il faudra apporter quelques ajustements. Par exemple, si une recette contient ½ tasse et moins de beurre, on laisse le tout tel quel. Par contre, si une recette contient plus de ½ tasse de beurre, il faut diminuer légèrement la quantité de sel indiquée dans la recette.

## LE FOUR

On a tous des fours différents, plus ou moins intelligents, précis ou anciens. Pour faire les recettes du livre, on a utilisé des cuisinières de maison très standards, sans convection et sans technologie particulière.

Pour la cuisson d'un gâteau, il faut toujours vérifier avec un cure-dent s'il est cuit jusqu'au centre avant de le retirer du four. On évite ainsi les mauvaises surprises. Si votre four exige un temps de cuisson un peu plus long ou un peu plus court, vous n'avez qu'à le noter sur la recette pour vous en souvenir la prochaine fois.

Un autre petit truc : utilisez la minuterie de votre four. C'est le meilleur moyen d'être précis et de ne pas passer tout droit.

## LE TEMPS

Dans un livre de desserts, on parle souvent de temps (pour fouetter, pour mélanger, pour laisser reposer, etc.).

On peut parfois vouloir accélérer les choses, mais respecter ces indications par rapport au temps permet d'obtenir un résultat optimal.

En premier lieu, une étape qui demande de fouetter longuement permet d'incorporer un maximum d'air dans la préparation, ce qui donnera la texture légère et moelleuse recherchée. Lorsqu'on diminue ce temps de fouettage, on augmente les chances d'obtenir un gâteau ou des muffins qui lèveront moins ou qui seront plus denses.

En deuxième lieu, lorsqu'on demande de mélanger une préparation délicatement ou « sans plus », c'est parce qu'on souhaite limiter le développement du gluten. Le gluten se développe lorsqu'on mélange trop longtemps une préparation à laquelle on a déjà ajouté la farine. Ne pas trop mélanger permet ainsi d'éviter d'obtenir un fond de tarte tout rétréci ou des muffins en caoutchouc.

Finalement, certains ingrédients utilisés régulièrement en pâtisserie (comme le beurre, l'huile de coco, le chocolat, la gélatine ou même les œufs) peuvent faire varier de beaucoup la consistance d'une préparation selon sa température. En respectant le temps de repos ou de réfrigération demandé, on s'assure de laisser le temps nécessaire aux pâtes ou aux mélanges de faire ce qu'ils doivent faire, que ce soit pour être manipulables plus facilement ou pour prendre la texture finale désirée.

Bref, soyez patients et vous serez récompensés. Comme quoi le temps fait bien les choses !

HOMESTEAD

CHAPITRE

# LES BRUNCHS SUCRÉS

01

| NIVEAU | QUANTITÉ | PRÉPARATION | CUISSON | REPOS |
|---|---|---|---|---|
| *Facile* | *10 scones* | *15 min* | *25 à 30 min* | *10 min* |

CONGÉLATION

*Se congèle.*

CONSERVATION

*Se conserve de 1 à 2 jours dans un contenant hermétique à température ambiante.*

CATÉGORIES

*Pour recevoir*

# SCONES AUX CERISES, AU CHÈVRE FRAIS & AUX AMANDES

INGRÉDIENTS

*2 œufs*

*½ tasse de lait*

*1 c. à soupe de jus de citron*

*2 ½ tasses de farine tout usage*

*¾ tasse de beurre froid, coupé en cubes*

*½ tasse de sucre + 1 c. à soupe pour saupoudrer*

*2 c. à thé de poudre à pâte*

*Une pincée de sel*

*1 tasse de cerises fraîches ou surgelées, coupées en 2 et dénoyautées*

*125 g de chèvre frais froid, coupé en gros morceaux*

*¾ tasse d'amandes effilées*

ÉTAPES

01 Préchauffer le four à 350 °F et placer la grille au centre. Sur un papier parchemin, tracer un cercle de 9 po de diamètre avec un crayon. Déposer la feuille sur une plaque à pâtisserie, l'encre vers le bas, afin de voir le cercle sans que la nourriture y touche. Réserver.

02 Dans un bol, fouetter les œufs, le lait et le jus de citron, puis réserver.

03 Au robot culinaire, broyer la farine, le beurre, le sucre, la poudre à pâte et le sel jusqu'à l'obtention d'une texture qui ressemble à du sable.

04 Transférer dans un bol, puis incorporer le mélange d'œufs, les cerises, le chèvre frais et ½ tasse d'amandes effilées. Mélanger délicatement jusqu'à l'obtention d'une boule de pâte, sans plus. Ajouter un peu de farine si la pâte est trop humide.

05 Déposer la pâte sur le papier parchemin, au centre du cercle, puis l'étaler afin de former un disque de 9 po. À l'aide d'un couteau, découper le disque en 10 pointes, puis les décoller les unes des autres. Saupoudrer avec le reste d'amandes effilées et le sucre.

06 Cuire au four de 25 à 30 minutes, puis laisser refroidir complètement.

NIVEAU

*Ultra-facile*

PORTIONS

*6*

PRÉPARATION

*5 min*

CONGÉLATION

*Ne se congèle pas.*

CONSERVATION

*À consommer le jour même.*

CATÉGORIES

*Pour recevoir* ◆ *Rapide* ◆ *Végétalien*
*Sans œufs* ◆ *Sans lactose* ◆ *Sans gluten*

# CRÈME DE CHOCOLAT & NOISETTES À BASE D'AVOCAT

INGRÉDIENTS

POUR LA CRÈME

*La chair de 1 ½ avocat bien mûr*

*1 banane bien mûre, pelée*

*½ tasse de poudre de cacao*

*½ tasse de beurre de noisette (ou d'autre beurre de noix)*

*½ tasse de miel (ou de sirop d'érable)*

*¼ tasse de lait végétal ou ordinaire, au choix*

POUR LA GARNITURE

*¼ tasse de noisettes, concassées*

*Une pincée de fleur de sel*

ÉTAPES

01 Au robot-mélangeur, broyer tous les ingrédients « pour la crème » jusqu'à l'obtention d'une texture lisse et homogène. Ajouter un peu de lait au besoin si la texture est trop épaisse.

02 Répartir dans 6 petits bols, puis couvrir au contact avec une pellicule plastique. Réserver au réfrigérateur jusqu'au moment de servir.

03 Garnir avec quelques noisettes et une pincée de fleur de sel pour servir.

NIVEAU

*Facile*

PORTIONS

*6*

PRÉPARATION

*20 min*

CUISSON

*25 min*

REPOS

*15 min*

CONGÉLATION

*Se congèle.*

# STRUDEL AUX PÊCHES & AU MIEL

CONSERVATION

*Se conserve de 3 à 4 jours au réfrigérateur.*

CATÉGORIES

*Pour recevoir*

INGRÉDIENTS

*1 paquet (400 g) de pâte feuilletée, du commerce*

*1 œuf, battu*

*1 c. à soupe de sucre*

*¼ tasse de noix de pin (optionnel)*

*1 c. à thé de miel*

*Crème glacée à la vanille, pour servir*

POUR LES PÊCHES

*4 petites pêches (ou 2 grosses), dénoyautées et coupées en 8 tranches*

*¼ tasse de miel*

*¼ tasse de beurre, fondu*

*¼ tasse de poudre d'amandes*

*½ c. à thé d'extrait de vanille*

*1 c. à soupe de fécule de maïs*

*¼ c. à thé de sel*

ÉTAPES

01 Préchauffer le four à 425 °F et placer la grille au centre. Tapisser une plaque à pâtisserie de papier parchemin, puis réserver.

02 Dans un grand bol, mélanger tous les ingrédients « pour les pêches », puis réserver.

03 Sur un plan de travail fariné, abaisser la pâte afin de former un rectangle de 10 po x 12 po. Déposer la pâte sur la plaque, puis verser la garniture aux pêches au centre en l'étalant dans le sens de la longueur.

04 À l'aide d'un couteau, couper des lanières de 6 cm de largeur de chaque côté de la garniture jusqu'au bord de la pâte. Ramener les lanières de pâte sur la garniture en alternant de façon à former une tresse.

05 Badigeonner le strudel avec l'œuf battu, puis saupoudrer de sucre.

06 Cuire au four pendant 15 minutes. Réduire la température à 325 °F, puis poursuivre la cuisson pendant 10 minutes. Laisser tiédir 15 minutes.

07 Dans une poêle, à feu moyen, faire revenir les noix de pin dans le miel pendant 1 minute, puis déposer sur les portions de strudel avec une boule de crème glacée à la vanille.

| NIVEAU | QUANTITÉ | PRÉPARATION | CUISSON | REPOS |
|---|---|---|---|---|
| *Ultra-facile* | *1 tasse* | *10 min* | *10 min* | *15 min* |

CONGÉLATION

*Se congèle.*

CONSERVATION

*Se conserve 10 jours au réfrigérateur.*

CATÉGORIES

*À offrir ◆ Économique ◆ Rapide ◆ Léger*
*Sans œufs ◆ Sans noix ◆ Sans lactose*
*Sans gluten*

# COMPOTE DE POIRES AU GINGEMBRE & AU MIEL

*Je n'ai jamais acheté autant de gingembre frais de toute ma vie que durant l'hiver dernier. Il faisait tellement froid, et avec mes nausées de début de grossesse, j'ai passé des mois à combattre des microbes et mes inconforts (je ne fais pas pitié, mais ce n'était pas agréable).*

*Au moins, ça a donné naissance à des idées de recettes express qui goûtent bon et frais.*

*Miel, gingembre et citron ont été mes trois ingrédients de prédilection en 2018.*

INGRÉDIENTS

*6 poires, pelées et coupées en cubes*
*⅓ tasse de miel*
*3 c. à soupe de jus de citron*
*1 c. à soupe de gingembre frais, râpé*

ÉTAPES

01 Dans une casserole, à feu moyen-vif, combiner tous les ingrédients, puis porter à ébullition. Réduire le feu, puis laisser mijoter pendant 10 minutes. Laisser refroidir quelques minutes.

02 Au robot-mélangeur, broyer la compote afin d'obtenir une texture parfaitement lisse.

03 Verser dans un contenant hermétique, puis conserver au réfrigérateur.

NOTE

*Vous pouvez omettre la deuxième étape si vous préférez avoir une compote moins lisse.*

NIVEAU

*Ultra-facile*

QUANTITÉ

*4 rôties ou 16 bouchées*

PRÉPARATION

*10 min*

CUISSON

*30 min*

CONGÉLATION

*Ne se congèle pas.*

CONSERVATION

*À consommer le jour même.*

CATÉGORIES

*Pour recevoir* ◆ *Économique*
*Sans œufs* ◆ *Sans noix*

# RÔTIES AU BRIE, À LA POMME & AU BACON CARAMÉLISÉ

INGRÉDIENTS

*6 tranches de bacon*

*4 c. à soupe de cassonade*

*4 tranches de pain, grillées et beurrées*

*150 g de fromage brie, coupé en tranches*

*1 c. à soupe de beurre*

*1 pomme, coupée en tranches*

ÉTAPES

01 Préchauffer le four à 375 °F et placer la grille au centre. Tapisser une plaque à pâtisserie de papier parchemin.

02 Placer les tranches de bacon sur la plaque et saupoudrer de 2 c. à soupe de cassonade. Cuire au four de 15 à 18 minutes, puis laisser tiédir quelques minutes. Couper le bacon en gros morceaux, puis réserver.

03 Garnir les rôties avec le fromage, placer sur une plaque, puis cuire au four pendant 10 minutes.

04 Dans une poêle, à feu vif, faire fondre le beurre avec 2 c. à soupe de cassonade, puis cuire les tranches de pomme pendant 1 minute afin qu'elles soient bien dorées. Ajouter le bacon, puis retirer du feu.

05 Garnir les rôties au brie avec la poêlée de pomme et de bacon, puis servir.

NOTE

*On peut couper les rôties en 4 pour les servir en petites bouchées sur un plateau.*

| NIVEAU | QUANTITÉ | PRÉPARATION | CUISSON | REPOS |
|---|---|---|---|---|
| *Ultra-facile* | *10 crêpes* | *10 min* | *20 min* | *1 h* |

CONGÉLATION

*Se congèle.*

CONSERVATION

*Se conserve 3 jours au réfrigérateur.*

CATÉGORIES

*Pour recevoir* ◆ *Économique* ◆ *Sans noix*

# LES MEILLEURES CRÊPES MINCES

## INGRÉDIENTS

### POUR LA PÂTE À CRÊPES

*4 œufs*

*2 tasses de lait*

*¼ tasse d'eau*

*¼ tasse de sucre*

*Une pincée de sel*

*1 c. à thé d'extrait de vanille*

*Le zeste de ½ citron*

*⅓ tasse de beurre, fondu + pour la cuisson*

*1 ½ tasse de farine tout usage*

### IDÉES DE GARNITURES

*Crème fouettée*

*Fruits frais*

*Copeaux de noix de coco grillés*

*Éclats de meringue*

*Caramel*

## ÉTAPES

01 Au pied-mélangeur, broyer tous les ingrédients « pour la pâte à crêpes » afin d'obtenir une texture lisse et homogène. Laisser reposer pendant 1 heure à température ambiante.

02 Dans une poêle antiadhésive, à feu moyen, faire chauffer un peu de beurre et l'étaler avec un essuie-tout. Verser de la pâte à crêpes de manière à couvrir le fond de la poêle. Cuire la crêpe de 1 à 2 minutes, ou jusqu'à ce que le dessus ne soit plus humide, puis la retourner et poursuivre la cuisson pendant 1 minute.

03 Badigeonner à nouveau la poêle de beurre, puis répéter pour toute la pâte à crêpes.

04 Servir avec des garnitures au choix.

NIVEAU

*Ultra-facile*

| QUANTITÉ | PRÉPARATION | CUISSON | REPOS |
| --- | --- | --- | --- |
| *8 à 12 barres* | *10 min* | *30 min* | *30 min* |

CONGÉLATION

*Se congèle.*

CONSERVATION

*Se conserve 2 semaines dans un contenant hermétique à température ambiante.*

CATÉGORIES

*À offrir* ◆ *Léger*
*Sans œufs* ◆ *Sans lactose*

# BARRES AUX CÉRÉALES CHEERIOS MC

*J'aime les Cheerios MC et j'aime les barres, donc j'ai combiné les deux et ça donne une collation top. Le matin, pour que mes céréales ne se sentent pas trop dénaturées, je trempe ma barre dans mon verre de lait ou dans mon latté. Je ne peux plus manger mes Cheerios MC autrement. Comme le dit le très populaire slogan :* Once you go *barres-de-Cheerios MC*, you can't go back!

INGRÉDIENTS

- *3 tasses de céréales Cheerios MC*
- *¾ tasse de noix de Grenoble, hachées grossièrement*
- *¾ tasse d'amandes, hachées grossièrement*
- *⅓ tasse de graines de citrouille*
- *3 c. à soupe de graines de chia*
- *¼ c. à thé de cardamome moulue*
- *½ c. à thé de cannelle moulue*
- *3 c. à soupe d'huile de coco, fondue*
- *¾ tasse de miel*

ÉTAPES

01 Préchauffer le four à 300 °F et placer la grille au centre. Tapisser un plat carré de 8 po de papier parchemin, puis réserver.

02 Dans un bol, mélanger tous les ingrédients. Verser dans le plat, puis compacter le mélange.

03 Cuire au four pendant 15 minutes. Retirer du four, remuer le tout et presser à nouveau le mélange au fond du plat. Cuire pendant 15 minutes supplémentaires.

04 Laisser refroidir complètement, puis couper en 8 ou 12 barres.

# GAUFRES AU CHOCOLAT & SAUCE AUX ABRICOTS

RECETTES AUX PAGES 46 ET 47

NIVEAU

*Facile*

QUANTITÉ

*12 gaufres*

PRÉPARATION

*15 min*

CUISSON

*2 à 3 min par gaufre*

CONGÉLATION

*Se congèle après la cuisson.*

CONSERVATION

*Se conserve de 3 à 4 jours au réfrigérateur.*

CATÉGORIES

*Pour recevoir ◆ Économique*
*Sans œufs ◆ Sans noix*

# GAUFRES AU CHOCOLAT

PHOTO À LA PAGE 44

COUP DE CŒUR

INGRÉDIENTS

*Sauce aux abricots (voir recette à la page 47)*

INGRÉDIENTS SECS

*3 tasses de farine tout usage*
*1 tasse de poudre de cacao*
*1 tasse de pépites de chocolat noir*
*⅓ tasse de sucre (ou de cassonade)*
*2 c. à soupe de poudre à pâte*
*⅛ c. à thé de sel*

INGRÉDIENTS HUMIDES

*3 tasses d'eau*
*½ tasse de beurre, fondu*
*¼ tasse d'huile végétale*
*1 c. à soupe de rhum (optionnel)*
*2 c. à thé d'extrait de vanille*

ÉTAPES

01 Dans un bol, combiner tous les ingrédients secs, puis réserver.

02 Dans un autre bol, fouetter tous les ingrédients humides, puis verser sur les ingrédients secs. Mélanger afin de former une pâte, sans plus, puis réserver.

03 Préchauffer le gaufrier.

04 Verser ½ tasse du mélange dans le gaufrier et cuire de 2 à 3 minutes. Retirer la gaufre du gaufrier, puis réserver au chaud. Répéter pour tout le mélange.

05 Servir avec la sauce aux abricots.

NOTE

*Il est préférable de cuire tout le mélange et de congeler les gaufres cuites en les emballant dans une pellicule plastique. Elles se conserveront ainsi jusqu'à 1 mois et il suffira de les réchauffer au four.*

NIVEAU

*Ultra-facile*

| QUANTITÉ | PRÉPARATION | CUISSON | REPOS |
|---|---|---|---|
| *1 ½ tasse* | *2 min* | *2 min* | *15 min* |

CONGÉLATION

*Se congèle.*

# SAUCE AUX ABRICOTS

CONSERVATION

*Se conserve 2 semaines dans un contenant hermétique au réfrigérateur.*

PHOTO À LA PAGE 44

CATÉGORIES

*Économique ◆ Rapide ◆ Végétalien*
*Sans œufs ◆ Sans noix ◆ Sans lactose*
*Sans gluten*

INGRÉDIENTS

*1 ¼ tasse d'eau*

*1 tasse d'abricots séchés*

*1 c. à soupe de miel (ou de sirop d'érable)*

*1 c. à soupe de rhum (optionnel)*

ÉTAPES

01 Dans une petite casserole, combiner tous les ingrédients, puis porter à ébullition. Retirer du feu, couvrir et laisser reposer pendant 15 minutes afin que les abricots soient tendres.

02 Au robot-mélangeur, broyer le tout jusqu'à l'obtention d'une sauce lisse. Ajouter un peu d'eau si la texture est trop épaisse.

03 Servir avec les gaufres.

NIVEAU

*Petit projet*

| QUANTITÉ | PRÉPARATION | CUISSON | REPOS |
|---|---|---|---|
| *12 beignets* | *20 min* | *10 min* | *1 h 15 min* |

# BEIGNETS MAISON & QUATRE IDÉES DE GARNITURES

CONGÉLATION

*La pâte se congèle avant la cuisson.*

CONSERVATION

*À consommer le jour même ou le lendemain.*

CATÉGORIES

*Pour recevoir* ◆ *Économique* ◆ *Végétalien*
*Sans œufs* ◆ *Sans noix* ◆ *Sans lactose*

INGRÉDIENTS

*3 tasses de farine tout usage*

*½ tasse d'huile végétale + pour la cuisson*

*1 c. à soupe de sucre*

*½ c. à thé de sel*

*Sucre en poudre, pour décorer*

POUR LE MÉLANGE DE LEVURE

*1 ¼ tasse d'eau tiède (voir note)*

*2 c. à soupe de sucre*

*1 c. à soupe (8 g) de levure sèche instantanée*

SUITE À LA PAGE 52

NOTE

*L'eau doit être tiède, c'est-à-dire à la température du corps. En la touchant, on ne doit pas la trouver chaude ni froide, sinon cela risquerait de diminuer l'action de la levure.*

ÉTAPES

01 Dans un bol, combiner l'eau, le sucre et la levure, puis bien mélanger afin de dissoudre la levure. Laisser reposer à température ambiante pendant 15 minutes, ou jusqu'à ce qu'une mousse légère se forme sur le dessus du mélange.

02 Dans le bol d'un batteur sur socle, combiner la farine, l'huile végétale, le sucre et le sel. Verser le mélange de levure, puis pétrir à l'aide de l'outil « crochet » pendant 10 minutes, ou jusqu'à l'obtention d'une pâte lisse et homogène.

03 Retirer le crochet et former une boule de pâte avec les mains. Couvrir d'un linge ou d'une pellicule plastique, puis laisser reposer à température ambiante pendant 15 minutes, ou jusqu'à ce que la pâte ait gonflé.

04 Sur un plan de travail fariné, abaisser la pâte à une épaisseur de 3 cm. À l'aide d'un emporte-pièce, tailler des disques de 8 cm de diamètre, puis couvrir d'un linge ou d'une pellicule plastique. Laisser reposer pendant 15 minutes, ou jusqu'à ce que la pâte ait gonflé.

05 Préchauffer une friteuse à 375 °F ou verser un fond d'huile végétale dans un chaudron et la faire chauffer à 375 °F.

06 Frire les beignets de 2 à 3 minutes de chaque côté afin qu'ils soient cuits et dorés.

07 Déposer sur un papier absorbant et laisser refroidir complètement.

08 Remplir une poche à pâtisserie avec une garniture au choix. Faire une petite incision sur le côté de chaque beignet à l'aide d'un couteau, puis les farcir.

09 Pour servir, saupoudrer chaque beignet de sucre en poudre.

GARNITURE POUR BEIGNETS AU CITRON

GARNITURE POUR BEIGNETS AU CHOCOLAT & AU BEURRE D'ARACHIDE

## GARNITURES POUR BEIGNETS

RECETTES AUX PAGES 52 ET 53

GARNITURE POUR BEIGNETS AUX FRAMBOISES

GARNITURE POUR BEIGNETS AU YOGOURT, AU MIEL & AUX NOIX

SUITE DE LA PAGE 49

PHOTO À LA PAGE 50

## GARNITURE POUR BEIGNETS AUX FRAMBOISES

CONGÉLATION

*Se congèle.*

CONSERVATION

*Se conserve 1 semaine dans un contenant hermétique au réfrigérateur.*

CATÉGORIES

*Rapide* ◆ *Léger* ◆ *Végétalien* ◆ *Sans œufs*
*Sans noix* ◆ *Sans lactose* ◆ *Sans gluten*

INGRÉDIENTS

*3 tasses de framboises fraîches ou surgelées*

*2 c. à soupe de sucre*

*2 c. à thé de fécule de maïs, diluée dans 1 c. à soupe d'eau froide*

ÉTAPES

01 Dans une petite casserole, combiner tous les ingrédients. Porter à ébullition et cuire en fouettant constamment pendant 1 minute.

02 Transférer dans un bol, couvrir d'une pellicule plastique, puis laisser refroidir complètement au réfrigérateur pendant 1 heure.

## GARNITURE POUR BEIGNETS AU CHOCOLAT & AU BEURRE D'ARACHIDE

CONGÉLATION

*Se congèle.*

CONSERVATION

*Se conserve de 4 à 5 jours dans un contenant hermétique au réfrigérateur.*

CATÉGORIES

*Économique* ◆ *Rapide*
*Sans œufs* ◆ *Sans gluten*

INGRÉDIENTS

*½ tasse de beurre d'arachide*

*¼ tasse de crème 35 % (ou de lait)*

*1 c. à soupe de poudre de cacao*

*1 c. à soupe de sirop d'érable*

ÉTAPES

01 Dans un bol, mélanger tous les ingrédients jusqu'à l'obtention d'une texture homogène.

CONGÉLATION

*Ne se congèle pas.*

CONSERVATION

*Se conserve 3 jours dans un contenant hermétique au réfrigérateur.*

CATÉGORIES

*Économique* ◆ *Rapide* ◆ *Léger*
*Sans œufs* ◆ *Sans gluten*

# GARNITURE POUR BEIGNETS AU YOGOURT, AU MIEL & AUX NOIX

INGRÉDIENTS

*¾ tasse de yogourt grec nature*

*2 c. à soupe de noix de Grenoble, hachées grossièrement*

*1 c. à soupe de miel*

ÉTAPES

01 Dans un bol, mélanger tous les ingrédients jusqu'à l'obtention d'une texture homogène.



CONGÉLATION

*Se congèle.*

CONSERVATION

*Se conserve 1 semaine dans un contenant hermétique au réfrigérateur.*

CATÉGORIES

*Économique* ◆ *Sans œufs*
*Sans noix* ◆ *Sans gluten*

# GARNITURE POUR BEIGNETS AU CITRON

NOTE

*Au moment de l'utiliser, il est préférable de remuer la garniture afin que la texture soit lisse et homogène.*

INGRÉDIENTS

*Le jus de 4 citrons (¾ tasse)*

*¼ tasse de sucre*

*3 c. à soupe de beurre*

*1 c. à soupe de fécule de maïs, diluée dans 1 c. à soupe d'eau*

ÉTAPES

01 Dans une petite casserole, combiner tous les ingrédients. Porter à ébullition et cuire en fouettant constamment pendant 1 minute.

02 Transférer dans un bol, couvrir d'une pellicule plastique, puis laisser refroidir complètement au réfrigérateur pendant 1 heure.

NIVEAU

*Ultra-facile*

| QUANTITÉ | PRÉPARATION | CUISSON |
|---|---|---|
| *8 tranches de pain doré* | *15 min* | *10 min* |

CONGÉLATION

*Ne se congèle pas.*

CONSERVATION

*À consommer immédiatement.*

CATÉGORIES

*Économique ◆ Rapide ◆ Sans noix*

# PAIN DORÉ PANÉ À LA NOIX DE COCO & AU SIROP D'ÉRABLE

INGRÉDIENTS

*1 ½ tasse de noix de coco râpée non sucrée*

*1 tasse de lait*

*4 œufs*

*1 c. à soupe de sucre (ou de sirop d'érable)*

*1 c. à thé d'extrait de vanille*

*Une pincée de sel*

*8 tranches de pain d'une épaisseur de 1 po*

*Huile végétale ou beurre, pour la cuisson*

*Fruits rouges au choix, pour garnir*

*Sirop d'érable, pour garnir*

ÉTAPES

01 Étendre la noix de coco dans une assiette, puis réserver.

02 Dans un bol, fouetter le lait, les œufs, le sucre, l'extrait de vanille et le sel.

03 Tremper chaque tranche de pain dans ce mélange pendant 10 secondes, puis passer dans la noix de coco des 2 côtés.

04 Dans une poêle, à feu moyen, faire chauffer l'huile végétale, puis cuire les tranches de pain pendant 1 minute de chaque côté afin qu'elles soient bien dorées et croustillantes.

05 Servir le pain doré avec les fruits rouges et un filet de sirop d'érable.

COUP DE CŒUR

NIVEAU

*Facile*

| QUANTITÉ | PRÉPARATION | CUISSON | REPOS |
| --- | --- | --- | --- |
| *12 oreillers* | *15 min* | *20 min* | *minimum de 1 h* |

CONGÉLATION

*Se congèle.*

CONSERVATION

*Se conserve de 3 à 4 jours dans un contenant hermétique à température ambiante.*

CATÉGORIES

*À offrir ◆ Pour recevoir*

# OREILLERS AU CACAO & À L'ORANGE

*La vérité, c'est qu'il s'agit d'une recette de financiers, mais je trouvais ça plus original d'imaginer que je servais des oreillers à mes invités pour le brunch. On parle ici d'un oreiller parfait, qui ne donne pas de torticolis, donc qui n'est pas trop moelleux, juste assez ferme.*

INGRÉDIENTS

*¾ tasse de poudre d'amandes*

*¼ tasse de farine tout usage*

*3 c. à soupe de poudre de cacao*

*1 ¾ tasse de sucre en poudre*

*⅔ tasse de beurre*

*2 c. à thé de miel*

*6 blancs d'œufs*

POUR LE GLAÇAGE

*1 tasse de sucre en poudre*

*¼ tasse de fromage à la crème*

*1 c. à soupe de jus d'orange*

*Le zeste de ½ orange*

NOTE

*On peut aussi utiliser un moule à muffins pour réaliser cette recette.*

ÉTAPES

01 Dans un bol, mélanger la poudre d'amandes, la farine, la poudre de cacao et le sucre en poudre, puis réserver.

02 Dans une poêle, à feu moyen, faire fondre le beurre, puis cuire jusqu'à l'obtention d'une couleur noisette (une petite mousse va se former, et lorsqu'elle disparaîtra, la couleur va commencer à changer). Retirer du feu, puis ajouter le miel. Laisser tiédir quelques minutes, puis réserver.

03 Incorporer délicatement les blancs d'œufs au mélange de farine à l'aide d'une spatule, puis ajouter le beurre. Mélanger, puis laisser reposer au réfrigérateur pendant un minimum de 1 heure ou toute une nuit.

04 Préchauffer le four à 350 °F et placer la grille au centre. Beurrer un moule de 12 financiers.

05 Verser le mélange dans le moule (plus facile avec une poche à pâtisserie), puis cuire au four pendant 18 minutes. Retirer du four et laisser tiédir 10 minutes.

06 Fouetter tous les ingrédients « pour le glaçage » jusqu'à l'obtention d'une texture lisse et homogène, puis glacer les oreillers à l'aide d'une cuillère.

CHAPITRE

# LES FRUITS

02

| NIVEAU | PORTIONS | PRÉPARATION | CUISSON | REPOS |
|---|---|---|---|---|
| *Ultra-facile* | *4* | *10 min* | *40 min* | *15 min* |

CONGÉLATION

*Ne se congèle pas.*

CONSERVATION

*À consommer le jour même ou le lendemain.*

CATÉGORIES

*Pour recevoir ◆ Léger ◆ Sans œufs*
*Sans noix ◆ Sans gluten*

# FRUITS AU MIEL SUR UNE PLAQUE & BURRATA

COUP DE CŒUR

*J'arrive tout juste d'un voyage à Saint-Martin où j'ai passé la semaine à manger de la burrata dans un petit restaurant nommé Mezza Luna. Les gens qui y travaillent m'appelaient par mon prénom à la fin de mon séjour tellement j'y suis allée souvent. Les tables étaient carrément installées dans le sable, sur le bord de la mer, et la burrata était fabuleuse. Il s'agit d'un fromage italien fait à partir de mozzarella, avec un centre moelleux, et ils le servaient tout simplement avec des croûtons, des tomates fraîches et de la fleur de sel.*

*À mon retour, je me suis mise au défi d'intégrer ce fromage à une recette sucrée et je me suis inspirée du concept des repas sur une plaque. C'est fou ce que quelques fruits mélangés à du miel, cuits au four et servis avec du fromage peuvent créer comme explosion de saveurs.*

*À placer au centre de la table afin que chacun puisse se servir.*

INGRÉDIENTS

- *2 tasses de pêches, dénoyautées et coupées en 2 ou en 4*
- *1 tasse de prunes, dénoyautées et coupées en 2 ou en 4*
- *1 tasse d'abricots, dénoyautés et coupés en 2*
- *1 tasse de cerises, dénoyautées et coupées en 2*
- *2 c. à soupe de miel (ou de sucre ou de sirop d'érable)*
- *1 boule (250 g) de fromage burrata, déchirée en morceaux*
- *Fleur de sel, au goût*
- *Quelques feuilles de basilic frais (optionnel)*

ÉTAPES

01 Préchauffer le four à 350 °F et placer la grille au centre.

02 Dans un bol, mélanger les fruits et le miel. Étendre sur une plaque à pâtisserie et cuire au four pendant 40 minutes. Laisser tiédir 15 minutes.

03 Garnir avec la burrata, la fleur de sel et le basilic, puis servir.

NIVEAU

*Ultra-facile*

PORTIONS

*4*

PRÉPARATION

*15 min*

REPOS

*30 min*

CONGÉLATION

*Ne se congèle pas.*

CONSERVATION

*Se conserve de 1 à 2 jours au réfrigérateur.*

CATÉGORIES

*Rapide ◆ Léger ◆ Sans œufs ◆ Sans noix*

# POTS DE GÂTEAU AU FROMAGE SANS CUISSON & SALSA DE FRAMBOISES ET DE TOMATES

*Ma fille est une adepte des tomates. Elle en raffole tellement que j'ai l'impression de devoir gérer ça comme si c'était du sucre et de lui imposer des limites de consommation. Ça me fait rire. J'ai donc essayé d'intégrer des tomates dans un dessert en son honneur.*



## INGRÉDIENTS

### POUR LA SALSA

*½ tasse de tomates cerises, hachées*

*½ tasse de framboises fraîches, hachées*

*1 c. à soupe de sucre*

*1 c. à thé de vinaigre balsamique*

### POUR LE MÉLANGE DE GÂTEAU AU FROMAGE

*1 paquet (250 g) de fromage à la crème, ramolli*

*½ tasse de crème sure (ou de yogourt grec nature)*

*¼ tasse de sucre en poudre*

*1 c. à thé d'extrait de vanille*



### POUR LE CRUMBLE

*¾ tasse de chapelure de biscuits Graham*

*2 c. à soupe de beurre, fondu*

## ÉTAPES

01 Dans un bol, combiner tous les ingrédients « pour la salsa ». Réserver au réfrigérateur pendant un minimum de 30 minutes.

02 Dans un autre bol, mélanger tous les ingrédients « pour le mélange de gâteau au fromage ». Fouetter jusqu'à l'obtention d'un mélange lisse et homogène, puis réserver.

03 Dans un autre bol, mélanger la chapelure avec le beurre fondu afin d'obtenir une texture de crumble, puis réserver.

04 Servir dans de petits pots en alternant le mélange de gâteau au fromage, le crumble et la salsa.

# TARTE AU MELON D'EAU

RECETTE À LA PAGE 66

NIVEAU

*Ultra-facile*

PORTIONS

*6 à 8*

PRÉPARATION

*10 min*

CONGÉLATION

*Ne se congèle pas.*

CONSERVATION

*À consommer immédiatement.*

CATÉGORIES

*Pour recevoir ◆ Économique*
*Rapide ◆ Léger*

# TARTE AU MELON D'EAU

*Je me vois déjà avoir du succès cet été avec mes tartes au melon d'eau dans mon nouveau quartier. Les jeunes adorent parce que la présentation leur donne l'impression de manger quelque chose de super spécial et de gourmand, et les parents sont heureux parce que c'est une collation saine autant pour eux que pour leurs enfants.*

*J'aurais très bien pu mettre cette recette dans la section brunch également, parce que c'est une belle manière de présenter un fruit au centre de la table.*

*En ce qui concerne les ingrédients, je n'ai pas écrit de quantités précises, mais pour vous inspirer, je propose deux idées de garnitures : une pour l'été et une plus automnale.*

*Vous pouvez remplacer la crème fouettée par du yogourt grec (très important parce que ça se tient mieux), les noix par du chocolat, le miel par du caramel, etc.*

*Amusez-vous !*

PHOTO À LA PAGE 64

VERSION D'ÉTÉ

INGRÉDIENTS

*¾ tasse de crème à fouetter 35 %*

*1 c. à soupe de sucre*

*1 tranche de melon d'eau d'environ 2 po d'épaisseur*

*Petits fruits congelés ou décongelés au choix*

*Graines de grenade*

*Pistaches, hachées*

VERSION D'AUTOMNE

INGRÉDIENTS

*¾ tasse de crème à fouetter 35 %*

*1 c. à soupe de sucre*

*1 tranche de melon d'eau d'environ 2 po d'épaisseur*

*Raisins, coupés en 2 dans le sens de la longueur*

*Canneberges séchées, hachées*

*Noix de Grenoble, hachées*

*Graines de chia*

*Miel*

*Fleurs comestibles*

ÉTAPES

01 Au batteur électrique, fouetter la crème avec le sucre jusqu'à l'obtention de pics fermes.

02 Étendre sur la tranche de melon, puis garnir avec le reste des ingrédients.

NIVEAU

*Ultra-facile*

| PORTIONS | PRÉPARATION | CUISSON | REPOS |
| --- | --- | --- | --- |
| *4* | *10 min* | *5 min* | *1 h* |

CONGÉLATION

*Se congèle.*

CONSERVATION

*Se conserve de 1 à 2 jours au réfrigérateur.*

CATÉGORIES

*Rapide ◆ Léger ◆ Végétalien ◆ Sans œufs*
*Sans lactose ◆ Sans gluten*

# FIGUES CARAMÉLISÉES & CRÈME DE NOIX DE CAJOU

INGRÉDIENTS

*2 c. à soupe de sirop d'érable*

*8 figues fraîches, coupées en 2*

*Caramel végétalien, pour servir (voir recette à la page 88)*

*Pistaches hachées, pour servir*

POUR LA CRÈME DE NOIX DE CAJOU

*½ tasse de noix de cajou non salées*

*2 c. à soupe de sirop d'érable*

*⅛ c. à thé de cardamome moulue*

*⅛ c. à thé de cannelle moulue*

*⅛ c. à thé de gingembre moulu*

*2 c. à soupe d'eau*

ÉTAPES

01 Faire tremper les noix de cajou dans l'eau pendant un minimum de 1 heure. Rincer et égoutter.

02 Au robot-mélangeur, broyer tous les ingrédients « pour la crème de noix de cajou » jusqu'à l'obtention d'une crème lisse et épaisse. Réserver.

03 Dans une poêle, à feu vif, verser le sirop d'érable et déposer les figues en plaçant le côté de la chair vers le bas. Faire dorer pendant 1 minute, puis retourner. Retirer du feu et laisser tiédir 5 minutes.

04 Servir les figues avec la crème de noix de cajou, le caramel végétalien et les pistaches.

NIVEAU

*Petit projet*

| QUANTITÉ | PRÉPARATION | CUISSON | REPOS |
|---|---|---|---|
| *8 rouleaux* | *30 min* | *5 min* | *30 min* |

CONGÉLATION

*Ne se congèle pas.*

CONSERVATION

*À consommer le jour même.*

CATÉGORIES

*Léger* ◆ *Sans œufs* ◆ *Sans noix* ◆ *Sans gluten*

# ROULEAUX DE PRINTEMPS AUX FRUITS

INGRÉDIENTS

*½ paquet (150 g) de vermicelles de riz*

*1 boîte (398 ml) de lait de coco*

*½ tasse de sucre*

*Une grosse pincée de sel*

*2 c. à thé de fécule de maïs, diluée dans 1 c. à soupe d'eau*

*8 feuilles de riz*

*½ mangue mûre, coupée en fines tranches*

*2 kiwis, pelés et coupés en fines tranches*

*4 fraises, coupées en fines tranches*

*20 feuilles de menthe fraîche*

*2 c. à soupe de graines de grenade (optionnel)*

*¼ tasse de copeaux de noix de coco grillés*

POUR LA SAUCE AU CHOCOLAT

*¼ tasse de lait*

*¼ tasse de crème*

*100 g de chocolat noir*

ÉTAPES

01 Dans une casserole, à feu doux, faire chauffer le lait et la crème, puis retirer du feu. Ajouter le chocolat, puis laisser reposer 3 minutes. Remuer afin d'obtenir une sauce lisse, puis réserver.

02 Cuire les vermicelles de riz en suivant les indications sur l'emballage. Égoutter et réserver.

03 Dans une casserole, à feu doux, faire chauffer le lait de coco, le sucre, le sel et la fécule de maïs diluée. Bien mélanger, puis porter à frémissement afin d'épaissir légèrement le mélange.

04 Verser les vermicelles de riz dans le lait de coco sucré, puis faire chauffer à feu moyen jusqu'à ce que les vermicelles aient absorbé tout le lait de coco (environ 3 minutes). Laisser refroidir complètement au réfrigérateur.

05 Tremper les feuilles de riz, une à la fois et pendant quelques secondes, dans un grand bol d'eau tiède pour les ramollir, puis les déposer sur une planche à découper.

06 Au centre de chaque feuille, dans le sens de la longueur, disposer quelques tranches de fruits, des feuilles de menthe, un peu de vermicelles de riz, des graines de grenade et des copeaux de noix de coco. Rabattre les 2 extrémités, puis rouler en serrant bien.

07 Déguster avec la sauce au chocolat.

NIVEAU

*Ultra-facile*

PORTIONS

*4*

PRÉPARATION

*10 min*

CONGÉLATION

*Ne se congèle pas.*

CONSERVATION

*Se conserve 2 jours au réfrigérateur.*

CATÉGORIES

*Économique* ◆ *Rapide* ◆ *Léger*
*Sans œufs* ◆ *Sans gluten*

# SALADE DE RAISINS VERTS CRÉMEUSE À L'HUILE D'OLIVE & À LA CORIANDRE

*J'entends déjà la petite voix intérieure de plusieurs personnes remettre en question le goût de cette salade juste en lisant le titre, mais leurs préjugés les feraient passer à côté de ce qui se rapproche de la perfection. Elle est fraîche (grâce aux raisins et à la coriandre), croustillante (grâce aux noix), gourmande (grâce à la sauce crémeuse) et originale (grâce à l'huile d'olive).*

*Et si vous faites partie du club de ceux qui aiment détester la coriandre, vous pouvez la remplacer par du basilic.*

INGRÉDIENTS

POUR LA SAUCE

*¼ tasse de crème sure*

*2 c. à soupe d'huile d'olive de qualité*

*1 c. à soupe de sucre (ou de miel)*

*¼ c. à thé d'extrait de vanille*

POUR LA SALADE

*3 tasses de raisins verts, coupés en 2 dans le sens de la longueur*

*1 tasse de noix de Grenoble, concassées grossièrement*

*¼ tasse de feuilles de coriandre fraîche, hachées*

*Fleur de sel, au goût*

ÉTAPES

01 Dans un grand bol, mélanger tous les ingrédients « pour la sauce ».

02 Ajouter tous les ingrédients « pour la salade », remuer délicatement, puis servir.

COUP DE CŒUR

NIVEAU

*Facile*

QUANTITÉ

*15 dumplings*

PRÉPARATION

*20 min*

CUISSON

*8 min*

CONGÉLATION

*Se congèle avant la cuisson.*

CONSERVATION

*À consommer immédiatement.*

CATÉGORIES

*Économique* ◆ *Sans œufs* ◆ *Sans noix*

# DUMPLINGS À LA BANANE, AU CHOCOLAT & À LA CANNELLE

INGRÉDIENTS

*3 c. à soupe de cassonade*

*½ c. à thé de cannelle moulue*

*15 feuilles à dumplings*

*1 banane, coupée en petits cubes d'environ ⅛ po*

*¼ tasse de pépites de chocolat noir*

*2 c. à soupe de beurre*

*1 c. à soupe d'huile végétale*

ÉTAPES

01 Dans un bol, combiner la cassonade et la cannelle, puis réserver.

02 Sur un plan de travail propre, disposer les feuilles de dumplings, puis garnir le centre avec quelques cubes de banane et quelques pépites de chocolat.

03 Avec un doigt, badigeonner le contour des feuilles avec un peu d'eau, puis les replier sur elles-mêmes. Appuyer sur le contour avec les doigts, puis utiliser une fourchette pour fermer les dumplings hermétiquement.

04 À l'aide d'un pinceau, badigeonner les 2 côtés des dumplings avec de l'eau, puis les tremper dans la cassonade à la cannelle. Réserver dans une assiette ou sur une plaque.

05 Dans une poêle de taille moyenne, à feu moyen, faire chauffer le beurre et l'huile végétale jusqu'à ce que le tout frémisse.

06 Déposer la moitié des dumplings dans la poêle de façon à ce qu'ils ne se touchent pas, puis cuire pendant 2 minutes de chaque côté, ou jusqu'à ce qu'ils soient bien dorés. Répéter avec l'autre moitié, puis déguster.

NIVEAU

*Ultra-facile*

QUANTITÉ

*25 truffes*

PRÉPARATION

*15 min*

REPOS

*30 à 60 min*

CONGÉLATION

*Se congèle.*

CONSERVATION

*À consommer le jour même.*

CATÉGORIES

*À offrir ◆ Rapide ◆ Végétalien ◆ Sans œufs*
*Sans noix ◆ Sans lactose ◆ Sans gluten*

# TRUFFES AU CHOCOLAT À BASE D'AVOCAT

INGRÉDIENTS

*⅔ tasse de chair d'avocat bien mûr*

*2 c. à soupe de sirop d'érable*

*100 g de chocolat noir, fondu*

*½ c. à thé d'extrait de vanille*

*½ tasse de poudre de cacao*

ÉTAPES

01 Au robot-mélangeur, broyer la chair d'avocat, le sirop d'érable, le chocolat fondu, l'extrait de vanille et ¼ tasse de poudre de cacao.

02 Verser dans un bol, couvrir d'une pellicule plastique, puis placer au réfrigérateur de 30 à 60 minutes, ou jusqu'à ce que le mélange soit ferme.

03 Dans une assiette, verser ¼ tasse de poudre de cacao. Avec les mains, façonner des truffes, puis les rouler dans la poudre de cacao afin de bien les enrober. Réserver au réfrigérateur dans un contenant hermétique.

04 Sortir les truffes du réfrigérateur au moins 30 minutes avant de les déguster.

| NIVEAU | PORTIONS | PRÉPARATION | CUISSON | REPOS |
|---|---|---|---|---|
| *Ultra-facile* | *1* | *5 min* | *2 min 10 s* | *5 min* |

CONGÉLATION

*Se congèle.*

CONSERVATION

*Se conserve 3 jours au réfrigérateur.*

CATÉGORIES

*Rapide*

# GÂTEAU AUX FRUITS & CRUMBLE D'AMANDES DANS UNE TASSE

## INGRÉDIENTS

### POUR LE GÂTEAU

*2 c. à soupe de beurre*
*1 œuf*
*1 c. à soupe de miel*
*3 c. à soupe de cassonade*
*3 c. à soupe de poudre d'amandes*
*½ c. à thé de cannelle moulue*
*3 c. à soupe de farine tout usage*
*¼ c. à thé de poudre à pâte*
*Une pincée de sel*
*¼ tasse de petits fruits au choix*

### POUR LE CRUMBLE (OPTIONNEL)

*2 c. à thé de beurre froid, haché*
*½ c. à soupe de farine tout usage*
*½ c. à soupe de sucre*
*1 c. à thé de flocons d'avoine entiers*
*Une pincée de cannelle moulue*
*½ c. à soupe d'amandes effilées*

## ÉTAPES

01 Dans une tasse, faire fondre le beurre au four à micro-ondes. Ajouter l'œuf, le miel et la cassonade, puis bien mélanger à l'aide d'une fourchette.

02 Incorporer la poudre d'amandes, la cannelle, la farine, la poudre à pâte et le sel, puis mélanger afin d'obtenir une texture homogène. Ajouter la moitié des petits fruits, remuer, puis déposer l'autre moitié des fruits sur le dessus, sans mélanger. Réserver.

03 Dans un petit bol, combiner tous les ingrédients « pour le crumble », puis mélanger avec le bout des doigts jusqu'à l'obtention d'une texture sablonneuse.

04 Verser le crumble sur le gâteau, puis cuire au four à micro-ondes pendant 2 minutes et 10 secondes (le temps peut varier selon la puissance du four à micro-ondes).

05 Laisser reposer pendant 5 minutes, puis déguster.

NIVEAU

*Ultra-facile*

QUANTITÉ

*8 ou 16 petits sandwichs*

PRÉPARATION

*10 min*

CONGÉLATION

*Ne se congèle pas.*

CONSERVATION

*À consommer le jour même.*

CATÉGORIES

*Pour recevoir ◆ Rapide ◆ Léger ◆ Sans noix*

# SANDWICHS PAS DE CROÛTES AUX FRUITS & AU MASCARPONE

*Mes sandwichs sans croûtes ont beaucoup fait jaser dans le premier tome, et depuis, je rêvais du jour où j'allais organiser un souper « pas d'croûtes » de A à Z. Pour ça, il me fallait un dessert, et c'est là que la magie commence. Des sandwichs aux fruits ! Je pense que je n'en reviendrai jamais tellement ils sont magnifiques, autant au niveau visuel que gustatif.*

*On peut varier les fruits selon la saison, et pour les gens qui n'aiment pas tellement le thé matcha, vous pourriez ne pas en mettre et ce serait délicieux quand même.*



INGRÉDIENTS

*¼ tasse de miel*

*2 c. à thé de matcha en poudre (optionnel)*

*2 tasses (500 g) de fromage mascarpone*

*8 tranches de pain blanc sans les croûtes (ou de brioches)*

*Fruits au choix (entiers ou coupés en tranches selon la grosseur)*

ÉTAPES

01 Dans un bol, mélanger le miel et le thé matcha jusqu'à ce que la texture soit lisse. Ajouter le mascarpone, puis fouetter jusqu'à ce que le tout soit homogène.

02 Tartiner chaque tranche de pain avec la garniture au thé matcha, puis garnir avec les fruits. Fermer les sandwichs, puis couper en 2 ou en 4 pour servir.

| PORTIONS | PRÉPARATION | CUISSON | REPOS |
| --- | --- | --- | --- |
| *4* | *10 min* | *2 min* | *5 min* |

NIVEAU

*Ultra-facile*

# TACOS AUX FRUITS & SAUCE AU CARAMEL

CONGÉLATION

*Ne se congèle pas.*

CONSERVATION

*À consommer immédiatement.*

CATÉGORIES

*Économique ◆ Rapide ◆ Léger ◆ Sans œufs*

INGRÉDIENTS

*2 c. à soupe de cassonade*

*¼ c. à thé de cannelle moulue*

*4 petites tortillas souples*

*2 c. à soupe de beurre, fondu*

*Fruits au choix*

*Amandes effilées*

*Caramel végétalien (voir recette à la page 88) ou du commerce*

ÉTAPES

01 Dans un bol, mélanger la cassonade et la cannelle, puis réserver.

02 À l'aide d'un pinceau, badigeonner les 2 côtés des tortillas avec le beurre fondu, puis saupoudrer de cassonade à la cannelle.

03 Dans une poêle, à feu moyen, dorer les tortillas pendant 1 minute de chaque côté. Déposer les tortillas sur la bordure d'un plat à cuisson afin qu'elles refroidissent et qu'elles prennent la forme de tacos.

04 Garnir les tacos de fruits, d'amandes effilées et de caramel, puis déguster.

CHAPITRE

# À LA CUILLÈRE

03

NIVEAU

*Ultra-facile*

PORTIONS

*4 petites ou 2 grosses*

PRÉPARATION

*5 min*

REPOS

*1 h*

CONGÉLATION

*Ne se congèle pas.*

# SOUPE AUX FRAISES & AU LAIT DE COCO

CONSERVATION

*À consommer immédiatement.*

CATÉGORIES

*Économique ◆ Rapide ◆ Léger ◆ Végétalien*
*Sans œufs ◆ Sans lactose ◆ Sans gluten*

INGRÉDIENTS

*3 tasses de fraises fraîches, coupées en cubes ou en rondelles de 1 cm*

*2 c. à soupe de sucre (ou de sirop d'érable)*

*¼ c. à thé d'extrait de vanille*

*½ tasse de lait de coco*

*½ tasse de soda au gingembre*

ÉTAPES

01 Dans un bol, mélanger les fraises avec le sucre et l'extrait de vanille, puis laisser reposer pendant un minimum de 1 heure au réfrigérateur.

02 Ajouter le lait de coco et le soda au gingembre, puis servir la soupe dans de petits bols.

NOTE

*Vous pouvez garnir la soupe de petits morceaux de brownies ou de quelques copeaux de chocolat pour une version plus gourmande.*

| NIVEAU | QUANTITÉ | PRÉPARATION | CUISSON | REPOS |
|---|---|---|---|---|
| *Ultra-facile* | *1 ¼ tasse* | *5 min* | *3 min* | *15 min* |

CONGÉLATION

*Se congèle.*

CONSERVATION

*Se conserve 3 semaines dans un contenant hermétique au réfrigérateur.*

CATÉGORIES

*À offrir ◆ Rapide ◆ Végétalien ◆ Sans œufs Sans lactose ◆ Sans gluten*

# CARAMEL VÉGÉTALIEN

*C'est une version quand même « santé » du caramel bourré de sucre raffiné qu'on a l'habitude de manger. Et c'est tellement meilleur, je trouve. Quand j'en ai dans mon frigo, ça ne dure pas deux jours et j'en mets partout : dans mon yogourt, sur mes biscuits, sur mes toasts, sur mes fruits, dans mes smoothies, etc. J'en mets quasiment dans mon pâté chinois tellement c'est délicieux !*



INGRÉDIENTS

*½ tasse de sirop d'érable*

*½ tasse de beurre d'amande*

*⅓ tasse d'huile de coco*

*2 c. à thé d'extrait de vanille*

*¼ c. à thé de sel*

ÉTAPES

01 Dans une petite casserole, à feu moyen, combiner tous les ingrédients, puis cuire en remuant pendant environ 3 minutes. Retirer du feu et laisser refroidir.

02 Remuer pendant 2 minutes afin d'obtenir une texture crémeuse, puis verser dans un contenant hermétique.

COUP DE CŒUR

NIVEAU

*Ultra-facile*

| PORTIONS | PRÉPARATION | CUISSON | REPOS |
| --- | --- | --- | --- |
| *6 à 9* | *10 min* | *40 min* | *5 min* |

CONGÉLATION

*Se congèle.*

CONSERVATION

*Se conserve 3 jours au réfrigérateur.*

CATÉGORIES

*Pour recevoir ◆ Économique*
*Sans œufs ◆ Sans noix*

# COBBLER AU CHOCOLAT

*Après l'immense succès (selon les commentaires que je reçois) du pouding chômeur aux deux chocolats du deuxième tome, je vous présente un cobbler irrésistible. C'est comme la nouvelle génération du pouding chômeur, mais en version améliorée !*

INGRÉDIENTS

*1 ½ tasse d'eau chaude*

POUR LA BASE

*1 tasse de farine tout usage*
*2 c. à thé de poudre à pâte*
*¼ c. à thé de sel*
*3 c. à soupe de poudre de cacao*
*¾ tasse de sucre*
*½ tasse de lait*
*⅓ tasse de beurre, fondu*
*1 ½ c. à thé d'extrait de vanille*

POUR LA DEUXIÈME COUCHE

*¼ tasse de poudre de cacao*
*½ tasse de sucre*
*½ tasse de cassonade*

ÉTAPES

01 Préchauffer le four à 350 °F et placer la grille au centre.

02 Dans un bol, mélanger la farine, la poudre à pâte, le sel, la poudre de cacao et le sucre. Ajouter le lait, le beurre et l'extrait de vanille, puis remuer afin que le mélange soit homogène. Verser dans un moule carré de 8 po, puis réserver.

03 Dans un autre bol, combiner tous les ingrédients « pour la deuxième couche », puis saupoudrer sur le mélange précédent sans remuer.

04 Verser l'eau chaude sur le dessus, sans remuer, puis cuire au four pendant 40 minutes, ou jusqu'à ce qu'un cure-dent inséré au centre en ressorte propre.

05 Laisser refroidir avant de déguster.

# CUILLÈRES AU CHOCOLAT TOUTES SIMPLES

RECETTES AUX PAGES 94 ET 95

NIVEAU

*Facile*

| QUANTITÉ | PRÉPARATION | CUISSON | REPOS |
| --- | --- | --- | --- |
| *24 cuillères (8 cuillères par saveur)* | *10 min* | *5 min* | *5 min* |

# CUILLÈRES AU CHOCOLAT TOUTES SIMPLES

CONGÉLATION

*Se congèle.*

CONSERVATION

*Se conserve plusieurs semaines dans un contenant hermétique au réfrigérateur.*

CATÉGORIES

*Pour recevoir ◆ Économique ◆ Rapide*
*Sans œufs ◆ Sans gluten*

PHOTO À LA PAGE 92



## AU BEURRE D'ARACHIDE & AU CHOCOLAT NOIR

IDÉES DE GARNITURES

*Éclats de caramel*
*Noix de coco râpée*
*Fleurs déshydratées*
*Graines de pavot*
*Guimauves miniatures*
*Brisures de biscuits*
*Noix concassées*
*Copeaux de chocolat*

INGRÉDIENTS

*3 c. à soupe de beurre d'arachide crémeux*
*100 g de chocolat noir*

ÉTAPES

01 Répartir le beurre d'arachide dans 8 cuillères.

02 Au bain-marie ou au four à micro-ondes, faire fondre le chocolat et y tremper les cuillères afin d'enrober le beurre d'arachide.

03 Égoutter, déposer sur une grille, puis décorer immédiatement avec des garnitures au choix.

04 Laisser figer pendant 5 minutes, puis déguster.

## AU BEURRE D'AMANDE, AUX CANNEBERGES & AU CHOCOLAT AU LAIT

INGRÉDIENTS

*3 c. à soupe de beurre d'amande*

*2 c. à thé de canneberges, hachées finement*

*100 g de chocolat au lait*

ÉTAPES

01 Dans un bol, mélanger le beurre d'amande et les canneberges, puis répartir dans 8 cuillères.

02 Au bain-marie ou au four à micro-ondes, faire fondre le chocolat et y tremper les cuillères afin d'enrober le beurre d'amande aux canneberges.

03 Égoutter, déposer sur une grille, puis décorer immédiatement avec des garnitures au choix.

04 Laisser figer pendant 5 minutes, puis déguster.

## À LA NOIX DE COCO, AU MATCHA & AU CHOCOLAT BLANC

INGRÉDIENTS

*½ tasse de noix de coco râpée*

*1 c. à soupe de matcha en poudre*

*2 c. à thé de sirop d'érable*

*100 g de chocolat blanc*

ÉTAPES

01 Au robot-mélangeur, broyer la noix de coco, le matcha et le sirop d'érable pendant 5 minutes, ou jusqu'à ce que le mélange ait la consistance d'un beurre, puis répartir dans 8 cuillères.

02 Au bain-marie ou au four à micro-ondes, faire fondre le chocolat et y tremper les cuillères afin d'enrober le mélange de noix de coco.

03 Égoutter, déposer sur une grille, puis décorer immédiatement avec des garnitures au choix.

04 Laisser figer pendant 5 minutes, puis déguster.

NIVEAU

*Facile*

QUANTITÉ

*8 verrines*

PRÉPARATION

*15 min*

REPOS

*3 h*

CONGÉLATION

*Ne se congèle pas.*

# VERRINES DE POUDING AUX BANANES

CONSERVATION

*Se conserve 2 jours au réfrigérateur.*

CATÉGORIES

*Pour recevoir ◆ Économique*
*Rapide ◆ Sans noix*

INGRÉDIENTS

*1 ⅓ tasse de lait*

*1 sachet (102 g) de pouding instantané à la vanille*

*1 boîte (300 ml) de lait concentré non sucré*

*2 tasses de crème à fouetter 35 %*

*1 c. à thé d'extrait de vanille*

*1 boîte (100 g) de biscuits langues de chat (ou 24 biscuits doigts de dame)*

*4 bananes, coupées en rondelles*

*1 c. à soupe de sucre en poudre*

ÉTAPES

01 Dans un bol, fouetter vigoureusement le lait, le sachet de pouding et le lait concentré de 1 à 2 minutes, ou jusqu'à l'obtention d'une texture crémeuse, puis placer au réfrigérateur pendant 5 minutes.

02 Dans un autre bol, fouetter la crème et l'extrait de vanille jusqu'à l'obtention de pics fermes. Incorporer la moitié de la crème fouettée au premier mélange, puis réserver le reste au réfrigérateur.

03 Couvrir le fond de 8 petits verres avec des biscuits, puis verser ⅓ du mélange de pouding. Ajouter une nouvelle couche de biscuits, puis une couche de rondelles de bananes. Terminer avec une couche de pouding à la vanille.

04 Placer au réfrigérateur pendant un minimum de 3 heures.

05 Au moment de servir, mélanger la crème fouettée restante avec le sucre en poudre, puis en garnir le dessus des verrines. Décorer avec des rondelles de bananes et des biscuits, puis déguster.

| NIVEAU | PORTIONS | PRÉPARATION | CUISSON | REPOS |
|---|---|---|---|---|
| *Facile* | *8* | *5 min* | *35 min* | *15 min* |

# RIZ AU LAIT

CONGÉLATION

*Ne se congèle pas.*

CONSERVATION

*Se conserve de 3 à 4 jours au réfrigérateur.*

CATÉGORIES

*Pour recevoir ◆ Économique ◆ Léger*
*Sans noix ◆ Sans gluten*

INGRÉDIENTS

*½ tasse de riz arborio*

*4 tasses de lait 3,25 %*

*½ gousse de vanille*

*1 œuf*

*¼ tasse de sucre*

ÉTAPES

01 Rincer abondamment le riz dans l'eau, puis bien égoutter.

02 Dans une casserole, à feu moyen, faire chauffer le lait avec la gousse de vanille jusqu'à ce qu'il frémisse. Réduire le feu, ajouter le riz, puis cuire pendant 20 minutes en remuant régulièrement. Laisser tiédir 5 minutes avant de poursuivre.

03 Préchauffer le four à 350 °F et placer la grille au centre.

04 Dans un bol, battre l'œuf et le sucre, puis verser dans la casserole avec le riz en remuant rapidement pendant 1 minute.

05 Verser dans de petits ramequins, puis cuire au four pendant 10 minutes, ou jusqu'à ce qu'une peau légèrement colorée se forme sur le dessus.

06 Laisser tiédir quelques minutes, puis servir.

NOTE

*Vous pouvez déguster le riz au lait tel quel, sans cuisson au four, en ajoutant des garnitures au choix (noix, fruits secs, graines, coulis de chocolat, etc.).*

ROBINSON

| NIVEAU | PORTIONS | PRÉPARATION | CUISSON | REPOS |
| --- | --- | --- | --- | --- |
| *Facile* | *8* | *30 min* | *50 min* | *30 min* |

COUP DE CŒUR

# POUDING AUX DATTES & AU CARAMEL

CONGÉLATION

*Ne se congèle pas.*

CONSERVATION

*Se conserve 2 jours à température ambiante ou 4 jours au réfrigérateur.*

CATÉGORIES

*Pour recevoir ◆ Économique ◆ Sans noix*

INGRÉDIENTS

*1 ½ tasse d'eau*

*1 ¼ tasse de dattes, dénoyautées et hachées*

*1 c. à thé de bicarbonate de soude*

*1 ¼ tasse de farine tout usage*

*1 c. à thé de poudre à pâte*

*½ c. à thé de sel*

*¼ tasse de beurre, ramolli*

*¾ tasse de cassonade*

*2 œufs*

*¼ tasse de mélasse*

POUR LA SAUCE

*¾ tasse de beurre*

*½ tasse de cassonade*

*¼ tasse de crème 35 %*

ÉTAPES

01 Préchauffer le four à 350 °F et placer la grille au centre. Beurrer un moule de 10 po de diamètre et le placer dans un plat à cuisson ou une poêle allant au four, puis réserver.

02 Dans une petite casserole, à feu moyen, mélanger tous les ingrédients « pour la sauce ». Porter à ébullition, puis cuire pendant 5 minutes afin que la sauce épaississe. Réserver au chaud.

03 Dans une autre casserole, à feu moyen, porter l'eau et les dattes à ébullition, puis laisser mijoter de 3 à 4 minutes. Retirer du feu, incorporer le bicarbonate de soude, puis laisser tiédir quelques minutes.

04 Dans un bol, combiner la farine, la poudre à pâte et le sel, puis réserver.

05 Au batteur sur socle, battre le beurre et la cassonade pendant 5 minutes afin d'obtenir un mélange blanc et crémeux.

06 À vitesse moyenne, incorporer les œufs, un à la fois, en raclant les parois du bol, puis continuer à battre pendant 1 minute. Ajouter la mélasse, le mélange de farine et le mélange de dattes, puis remuer afin de former une pâte, sans plus.

07 Verser le tout dans le moule, puis ajouter 1 cm d'eau chaude dans le plat à cuisson. Cuire au four pendant 50 minutes, ou jusqu'à ce qu'un cure-dent inséré au centre en ressorte propre.

08 Verser la sauce chaude sur le gâteau en décollant legèrement la pâte des rebords du moule afin que la sauce s'y glisse, puis laisser imbiber le gâteau pendant 30 minutes.

09 Servir à la cuillère avec du yogourt ou de la crème glacée.

NIVEAU

*Facile*

PORTIONS

*6*

PRÉPARATION

*10 min*

CUISSON

*15 min*

REPOS

*minimum de 3 h*

CONGÉLATION

*Se congèle.*

CONSERVATION

*Se conserve de 2 à 3 jours au réfrigérateur.*

CATÉGORIES

*Pour recevoir ◆ Léger*
*Sans œufs ◆ Sans noix*

# PANNA COTTA AU LAIT DE COCO, COMPOTE D'ANANAS & CRUMBLE

## INGRÉDIENTS

### POUR LA PANNA COTTA

*1 boîte (398 ml) de lait de coco*

*¾ tasse de lait au choix*

*¼ tasse de sirop d'érable*

*Une pincée de sel*

*Le zeste de ½ lime*

*1 c. à thé d'extrait de vanille*

*2 c. à soupe de gélatine en poudre*

### POUR LA COMPOTE

*2 tasses d'ananas, coupé en cubes*

*3 c. à soupe de sucre*

*Le jus de ½ lime*

### POUR LE CRUMBLE

*⅓ tasse de farine tout usage (ou de farine de coco)*

*2 c. à soupe de noix de coco râpée*

*2 c. à soupe de beurre froid, coupé en petits cubes*

*2 c. à soupe de sucre*

## ÉTAPES

### POUR LA PANNA COTTA

01 Dans une petite casserole, combiner tous les ingrédients « pour la panna cotta », à l'exception de la gélatine. Chauffer à feu moyen jusqu'à frémissement, puis retirer du feu.

02 Saupoudrer la gélatine en fouettant, puis remuer pendant 1 minute afin de bien la dissoudre.

03 Verser dans 6 petits ramequins d'une contenance d'environ ½ tasse, puis placer au réfrigérateur pendant un minimum de 3 heures ou toute la nuit.

### POUR LA COMPOTE

04 Dans une casserole, à feu doux, faire chauffer l'ananas et le sucre jusqu'à ce que le sucre soit complètement dissous et que le mélange ait une consistance sirupeuse.

05 Ajouter le jus de lime, puis broyer au pied-mélangeur afin d'obtenir une compote. Laisser refroidir complètement.

### POUR LE CRUMBLE

06 Préchauffer le four à 350 °F et placer la grille au centre. Tapisser une plaque à pâtisserie de papier parchemin, puis réserver.

07 Dans un bol, combiner tous les ingrédients « pour le crumble », puis mélanger avec les doigts. Étaler sur la plaque, puis cuire au four pendant 8 minutes, ou jusqu'à ce que le crumble soit légèrement doré.

### POUR L'ASSEMBLAGE

08 Au moment de servir, garnir la panna cotta avec la compote et le crumble.

NIVEAU

*Facile*

PORTIONS

2

PRÉPARATION

*15 min*

REPOS

*35 min*

CONGÉLATION

*Se congèle.*

CONSERVATION

*Se conserve de 2 à 3 jours au réfrigérateur.*

CATÉGORIES

*Rapide ◆ Léger ◆ Sans œufs*
*Sans noix ◆ Sans gluten*

# MOUSSE AU CHOCOLAT & AUX FRAMBOISES

INGRÉDIENTS

*100 g de chocolat noir, haché*

*50 g de chocolat au lait, haché*

*1 tasse de crème à fouetter 35 %*

*1 tasse de framboises fraîches ou surgelées*

COUP DE CŒUR

ÉTAPES

01 Au bain-marie, faire fondre les chocolats. Retirer du feu et laisser refroidir pendant 5 minutes en remuant de temps en temps. Il est important de laisser tiédir le chocolat avant de passer à la prochaine étape.

02 Au batteur électrique, fouetter la crème jusqu'à l'obtention de pics fermes.

03 Ajouter la crème fouettée au chocolat en prenant soin de ne pas trop mélanger, puis incorporer délicatement les framboises. Mélanger afin d'obtenir une texture mousseuse et homogène.

04 Répartir la mousse dans 2 bols, puis placer au réfrigérateur pendant un minimum de 30 minutes.

NOTE

*Mon truc pour faire fondre du chocolat au bain-marie est de verser une petite quantité d'eau au fond d'une casserole, de porter à ébullition, puis de retirer du feu. C'est à ce moment que je place le bol contenant le chocolat sur la casserole afin de le laisser fondre. Je m'assure ainsi de ne pas trop chauffer le chocolat.*

| NIVEAU | PORTIONS | PRÉPARATION | CUISSON | REPOS |
|---|---|---|---|---|
| *Facile* | *4* | *10 min* | *8 min* | *3 h* |

# CRÈME RENVERSÉE AU BEURRE & AU CARAMEL SALÉ

CONGÉLATION

*Ne se congèle pas.*

CONSERVATION

*Se conserve de 2 à 3 jours au réfrigérateur (avant de démouler).*

CATÉGORIES

*Économique* ◆ *Léger* ◆ *Sans œufs*
*Sans noix* ◆ *Sans gluten*

INGRÉDIENTS

*1 tasse de lait 3,25 %*

*1 tasse de crème 35 %*

*⅓ tasse de tartinade au caramel, du commerce + pour étaler dans les ramequins*

*¼ tasse de beurre, coupé en dés*

*1 c. à soupe de gélatine en poudre*

*Fleur de sel, au goût*

ÉTAPES

01 Étaler une mince couche de tartinade au caramel au fond de 4 ramequins d'une contenance de ¾ tasse, puis réserver au congélateur.

02 Dans une casserole, à feu moyen, combiner le lait, la crème, la tartinade au caramel et le beurre. Mélanger à l'aide d'un fouet, puis cuire de 1 à 2 minutes afin que le mélange soit chaud, sans plus.

03 Saupoudrer la gélatine, puis fouetter vigoureusement jusqu'à ce qu'elle soit bien dissoute et que le mélange soit lisse et homogène.

04 Verser dans les ramequins et placer au réfrigérateur pendant un minimum de 3 heures.

05 Pour démouler, porter une casserole d'eau à ébullition. Avec le bout des doigts, presser légèrement le contour de la crème afin de la décoller du ramequin, puis tremper le ramequin jusqu'à la moitié de sa hauteur dans l'eau chaude de 10 à 20 secondes.

06 Placer une assiette sur le ramequin et renverser le tout. Donner quelques coups délicatement afin de faire tomber la crème dans l'assiette. Répéter pour tous les ramequins.

07 Pour servir, saupoudrer de fleur de sel.

NOTE

*La première étape n'est pas essentielle, mais cela ajoute une belle couleur lors du démoulage, comme sur cette photo.*

NIVEAU

*Facile*

PORTIONS

*8*

PRÉPARATION

*20 min*

REPOS

*minimum de 2 h*

CONGÉLATION

*Ne se congèle pas.*

CONSERVATION

*Se conserve 3 jours au réfrigérateur.*

CATÉGORIES

*Pour recevoir* ◆ *Léger* ◆ *Sans noix*

# TIRAMISU AU MATCHA & AUX POMMES VERTES

INGRÉDIENTS

*2 pommes vertes*

*25 à 30 biscuits doigts de dame*

POUR LE THÉ

*2 c. à thé de matcha en poudre*

*2 c. à thé de miel*

*2 tasses d'eau chaude*

POUR LE MASCARPONE

*2 tasses (500 g) de fromage mascarpone*

*½ tasse de sucre*

*4 jaunes d'œufs*

*2 c. à soupe de crème 35 %*

*Une pincée de sel*

POUR DÉCORER

*1 c. à soupe de matcha en poudre*

*¼ tasse de sucre en poudre*

ÉTAPES

01 Dans un bol, mélanger le matcha et le miel afin de former une pâte. Ajouter l'eau chaude graduellement et fouetter jusqu'à ce que le mélange soit homogène. Réserver.

POUR LE MASCARPONE

02 Au batteur électrique, fouetter tous les ingrédients « pour le mascarpone » jusqu'à l'obtention d'une texture légère (environ 3 minutes). Ajouter 1 c. à soupe du mélange de thé, remuer, puis réserver.

POUR L'ASSEMBLAGE

03 Couper les pommes en petits cubes, puis réserver.

04 Tremper 1 ou 2 biscuits à la fois dans le thé pendant environ 5 secondes, puis les déposer au fond d'un plat de 8 à 9 po de diamètre jusqu'à ce que la surface soit complètement recouverte. Ajouter la moitié des cubes de pommes, puis la moitié du mélange de mascarpone.

05 Répéter l'étape 4 en couvrant d'une nouvelle couche de biscuits trempés, de cubes de pommes, puis du mélange de mascarpone.

06 Couvrir d'une pellicule plastique, puis laisser reposer au réfrigérateur pendant un minimum de 2 heures ou toute la nuit.

07 Au moment de servir, mélanger les ingrédients « pour décorer », puis saupoudrer sur le tiramisu.

CHAPITRE

# LES BISCUITS, MUFFINS & PAINS

04

NIVEAU

*Ultra-facile*

QUANTITÉ

*24 biscuits*

PRÉPARATION

*20 min*

CUISSON

*10 min*

REPOS

*5 min*

CONGÉLATION

*La pâte se congèle avant la cuisson.*

CONSERVATION

*Les biscuits se conservent 2 jours à température ambiante ou 4 jours au réfrigérateur.*

CATÉGORIES

*À offrir* ◆ *Rapide*
*Sans œufs* ◆ *Sans noix*

INGRÉDIENTS

INGRÉDIENTS SECS

*1 ½ tasse de farine tout usage*

*½ tasse de poudre de cacao*

*1 c. à thé de bicarbonate de soude*

*½ c. à thé de sel*

*100 g de chocolat au lait, haché en gros morceaux*

*100 g de chocolat blanc, haché en gros morceaux*

*100 g de chocolat noir, haché en gros morceaux*

INGRÉDIENTS HUMIDES

*¾ tasse de fromage à la crème, à température ambiante*

*¾ tasse de beurre, fondu*

*¾ tasse de cassonade*

*¼ tasse de sucre*

*1 c. à thé d'extrait de vanille*

# BISCUITS AU TRIPLE CHOCOLAT EXPRESS

COUP DE CŒUR

ÉTAPES

01 Préchauffer le four à 325 °F et placer la grille au centre. Tapisser une plaque à pâtisserie de papier parchemin, puis réserver.

02 Dans un bol, combiner tous les ingrédients secs, puis réserver.

03 Dans un autre bol, fouetter tous les ingrédients humides afin d'obtenir une texture homogène et onctueuse.

04 Incorporer les ingrédients secs, puis mélanger afin de former une pâte, sans plus.

05 Façonner des boules de pâte de 2 c. à soupe et les placer sur la plaque. Avec la paume de la main, écraser la pâte légèrement afin de former des galettes de 3 po de diamètre.

06 Cuire au four pendant 10 minutes, puis laisser tiédir sur une grille avant de déguster.

NOTE

*Le lendemain et les jours suivants, vous pouvez faire chauffer les biscuits quelques secondes au four à micro-ondes afin que le chocolat soit bien fondant.*

NIVEAU

*Petit projet*

| QUANTITÉ | PRÉPARATION | CUISSON | REPOS |
|---|---|---|---|
| *18 à 20 biscuits sandwichs* | *45 min* | *10 à 12 min* | *45 min* |

CONGÉLATION

*La pâte se congèle avant la cuisson et le glaçage se congèle.*

CONSERVATION

*Se conserve 1 semaine dans un contenant hermétique à température ambiante.*

CATÉGORIES

*À offrir ◆ Économique*

# BISCUITS SANDWICHS AU BEURRE D'ARACHIDE

## INGRÉDIENTS

### POUR LES BISCUITS

*¾ tasse de sucre en poudre*
*⅓ tasse de beurre d'arachide crémeux*
*⅓ tasse de beurre, à température ambiante*
*1 œuf*
*1 ¼ tasse de farine tout usage*
*½ c. à thé de sel*

### POUR LE GLAÇAGE

*½ tasse de beurre d'arachide crémeux*
*¼ tasse de beurre, ramolli*
*¼ tasse de sucre en poudre*

---

NOTE

*L'utilisation de papier parchemin pour abaisser la pâte facilite l'opération parce que la pâte ne colle pas et elle devient lisse plus facilement. Pour l'effet de dentelle sur les biscuits, il suffit de presser de la dentelle sur la pâte abaissée crue avant de tailler les biscuits.*

## ÉTAPES

01 Dans un bol, fouetter le sucre en poudre, le beurre d'arachide et le beurre de 2 à 3 minutes afin d'obtenir une texture lisse et onctueuse.

02 Ajouter l'œuf, bien mélanger, puis incorporer la farine et le sel. Former une boule de pâte avec les mains, puis l'envelopper dans une pellicule plastique. Placer au réfrigérateur pendant 30 minutes afin que la pâte soit plus ferme.

03 Pendant ce temps, dans un bol, fouetter tous les ingrédients « pour le glaçage » jusqu'à l'obtention d'une texture lisse et onctueuse. Réserver au réfrigérateur.

04 Préchauffer le four à 300 °F et placer la grille au centre. Tapisser une grande plaque à pâtisserie de papier parchemin, puis réserver.

05 Sur un plan de travail, entre 2 rectangles de papier parchemin, abaisser la pâte à une épaisseur de 3 mm. Retirer le papier parchemin du dessus.

06 Tailler des biscuits à l'aide d'un emporte-pièce de 5 cm de diamètre, puis les transférer au fur et à mesure sur la plaque en les espaçant de 2 cm.

07 Cuire au four de 10 à 12 minutes, puis laisser refroidir complètement sur la plaque.

08 Garnir la moitié des biscuits avec le glaçage, puis déposer le reste des biscuits sur le dessus.

NIVEAU

*Facile*

| QUANTITÉ | PRÉPARATION | CUISSON | REPOS |
|---|---|---|---|
| *12 muffins* | *15 min* | *25 min* | *5 min* |

CONGÉLATION

*Se congèle.*

CONSERVATION

*Se conserve 1 jour à température ambiante ou de 2 à 3 jours au réfrigérateur.*

CATÉGORIES

*À offrir* ◆ *Sans noix*

# MUFFINS MARBRÉS AU GÂTEAU AU FROMAGE & AUX MÛRES

INGRÉDIENTS

*1 ½ tasse de farine tout usage*

*¾ tasse de sucre*

*2 c. à thé de poudre à pâte*

*Une pincée de sel*

*¼ tasse de beurre, fondu*

*1 tasse de lait*

*1 œuf*

*1 c. à thé d'extrait de vanille*

*1 tasse de mûres fraîches ou surgelées, hachées grossièrement (ou autre petit fruit)*

POUR LE MÉLANGE DE GÂTEAU AU FROMAGE

*1 paquet (250 g) de fromage à la crème, ramolli*

*3 c. à soupe de sucre en poudre*

*2 c. à soupe de lait*

ÉTAPES

01 Préchauffer le four à 375 °F et placer la grille au centre. Beurrer ou chemiser un moule de 12 muffins de caissettes en papier, puis réserver.

02 Dans un bol, combiner la farine, le sucre, la poudre à pâte et le sel. Creuser un puits au centre, puis ajouter le beurre fondu, le lait, l'œuf et l'extrait de vanille. Bien mélanger, puis réserver.

03 Dans un autre bol, fouetter tous les ingrédients « pour le mélange de gâteau au fromage » jusqu'à l'obtention d'une texture lisse et homogène. Verser sur le mélange précédent, ajouter les mûres, puis remuer doucement afin de créer un effet marbré.

04 Remplir le moule à muffins et cuire au four pendant 25 minutes. Laisser refroidir quelques minutes avant de déguster.

| NIVEAU | QUANTITÉ | PRÉPARATION | CUISSON | REPOS |
|---|---|---|---|---|
| *Facile* | *30 biscuits* | *30 min* | *10 à 12 min* | *1 h 15 min* |

CONGÉLATION

*Se congèle.*

CONSERVATION

*Se conserve 1 semaine dans un contenant hermétique à température ambiante.*

CATÉGORIES

*À offrir* ◆ *Sans œufs* ◆ *Sans noix*

# BISCUITS SABLÉS À L'ÉRABLE & À LA FLEUR DE SEL

INGRÉDIENTS

POUR LES BISCUITS

*1 tasse de beurre, à température ambiante*

*½ tasse de sirop d'érable*

*2 c. à soupe de sucre d'érable (ou de sucre ordinaire)*

*2 tasses de farine tout usage*

*¼ c. à thé de fleur de sel*

POUR LE GLAÇAGE

*¼ tasse de sucre en poudre*

*2 c. à soupe de sirop d'érable*

*Fleur de sel, au goût*

ÉTAPES

01 Au batteur électrique, battre le beurre avec le sirop d'érable et le sucre d'érable de 3 à 4 minutes afin que le mélange soit léger.

02 Ajouter la farine et la fleur de sel, puis mélanger délicatement avec les mains pour former une boule de pâte. Envelopper la pâte dans une pellicule plastique, puis la placer au réfrigérateur pendant 30 minutes.

03 Sur un plan de travail, entre 2 rectangles de papier parchemin, abaisser la pâte à une épaisseur de 5 mm. Réserver au réfrigérateur pendant 10 minutes.

04 Préchauffer le four à 350 °F et placer la grille au centre. Tapisser une plaque à pâtisserie de papier parchemin, puis réserver.

05 Retirer le papier parchemin qui couvre la pâte, découper de petits sablés à l'aide d'un emporte-pièce de 5 cm de diamètre, puis les disposer sur la plaque.

06 Cuire au four de 10 à 12 minutes, ou jusqu'à ce que le contour des biscuits soit légèrement doré, puis laisser refroidir complètement.

07 Dans un bol, mélanger le sucre en poudre et le sirop d'érable, puis étendre le glaçage sur les biscuits. Saupoudrer de fleur de sel, puis laisser figer avant de servir.

NIVEAU

*Facile*

QUANTITÉ

*10 chapeaux de muffins*

PRÉPARATION

*15 min*

CUISSON

*20 min*

CONGÉLATION

*Se congèle.*

CONSERVATION

*Se conserve de 2 à 3 jours dans un contenant hermétique à température ambiante.*

CATÉGORIES

*Économique ◆ Sans noix*

# CHAPEAUX DE MUFFINS AUX BLEUETS

*Après avoir cuisiné le muffin de toutes les façons, je me suis attaquée à sa meilleure partie : son chapeau, aussi appelé son top, son toit ou le bout moelleux sur le dessus, que beaucoup de gens gardent pour la fin.*

## INGRÉDIENTS

### INGRÉDIENTS SECS

*2 tasses de farine tout usage*

*1 c. à soupe de poudre à pâte*

*½ c. à thé de sel*

### INGRÉDIENTS HUMIDES

*1 œuf*

*¾ tasse de sucre + pour saupoudrer*

*1 c. à thé d'extrait de vanille*

*⅓ tasse d'huile végétale*

*¾ tasse de lait ordinaire ou végétal au choix*

*1 tasse de bleuets frais ou surgelés*

## ÉTAPES

01 Préchauffer le four à 350 °F et placer la grille au centre. Tapisser une plaque à pâtisserie de papier parchemin, puis réserver.

02 Dans un bol, combiner tous les ingrédients secs, puis réserver.

03 Dans un autre bol, fouetter l'œuf, le sucre et l'extrait de vanille de 3 à 4 minutes afin que la texture soit légère et onctueuse.

04 Ajouter l'huile végétale et le lait en alternant avec les ingrédients secs, puis mélanger afin d'obtenir une pâte homogène. Ajouter les bleuets et remuer légèrement.

05 À l'aide d'une cuillère à crème glacée (¼ tasse), déposer des boules de pâte sur la plaque en prenant soin de les espacer, puis saupoudrer de sucre.

06 Cuire au four pendant 20 minutes, puis laisser refroidir complètement sur la plaque.

NIVEAU
*Facile*

| PORTIONS | PRÉPARATION | CUISSON | REPOS |
|---|---|---|---|
| *8 à 10* | *20 min* | *50 min* | *20 min* |

CONGÉLATION

*Se congèle.*

CONSERVATION

*Se conserve de 3 à 4 jours*
*à température ambiante.*

CATÉGORIES

*À offrir ◆ Pour recevoir ◆ Économique*

# PAIN AUX POMMES DE STYLE CROUSTADE

INGRÉDIENTS

POUR LE PAIN

*2 tasses de farine tout usage*
*3 c. à thé de poudre à pâte*
*¼ c. à thé de sel*
*2 œufs*
*¾ tasse de sucre*
*⅓ tasse de beurre, fondu*
*1 c. à thé d'extrait de vanille*
*1 tasse de lait au choix*

POUR LE MÉLANGE DE POMMES

*4 pommes, pelées et coupées en 8*
*2 c. à soupe de sucre*
*½ c. à thé de cannelle moulue*

POUR LE CRUMBLE

*½ tasse de farine tout usage*
*¼ tasse de sucre*
*¼ c. à thé de cannelle moulue*
*¼ tasse de beurre*
*½ tasse de pacanes*

ÉTAPES

01 Préchauffer le four à 375 °F et placer la grille au centre. Beurrer un moule troué au centre de 9 po de diamètre, puis réserver.

02 Dans un bol, mélanger la farine, la poudre à pâte et le sel, puis réserver.

03 Dans un autre bol, fouetter les œufs, le sucre, le beurre et l'extrait de vanille. Incorporer le mélange de farine en alternant avec le lait, puis bien mélanger. Réserver.

04 Dans un troisième bol, combiner tous les ingrédients « pour le mélange de pommes ».

05 Verser la moitié du mélange « pour le pain » dans le moule, puis couvrir avec le mélange de pommes. Verser le reste du mélange « pour le pain », puis réserver.

POUR LE CRUMBLE

06 Dans un bol, mélanger tous les ingrédients « pour le crumble » avec les mains afin d'obtenir une texture granuleuse, puis étendre sur le dessus du pain.

07 Cuire au four pendant 50 minutes, ou jusqu'à ce qu'un cure-dent inséré au centre en ressorte propre, puis laisser refroidir sur une grille.

NOTE

*Vous pouvez également faire une demi-recette et la cuire dans un moule à pain de 9 po x 5 po.*

NIVEAU

*Facile*

| PORTIONS | PRÉPARATION | CUISSON | REPOS |
|---|---|---|---|
| *8 à 10* | *15 min* | *50 min* | *15 min* |

CONGÉLATION

*Se congèle.*

CONSERVATION

*Se conserve 5 jours à température ambiante.*

CATÉGORIES

*À offrir* ◆ *Sans lactose*

# PAIN AUX BANANES MOELLEUX AU LAIT DE COCO & AU CHOCOLAT

INGRÉDIENTS

*¾ tasse de lait de coco*

*½ tasse de cassonade + pour saupoudrer*

*¼ tasse de sirop d'érable*

*2 œufs*

*¼ c. à thé de cannelle moulue*

*Une pincée de sel*

*3 bananes mûres, écrasées + 1 banane entière*

*2 tasses de farine tout usage*

*3 c. à thé de poudre à pâte*

*½ tasse de flocons d'avoine à cuisson rapide*

*¼ tasse de pacanes, hachées*

*¼ tasse de pépites de chocolat*

ÉTAPES

01 Préchauffer le four à 350 °F et placer la grille au centre. Beurrer un moule à pain de 9 po x 5 po et placer une bande de papier parchemin au fond, puis réserver.

02 Dans un bol, fouetter le lait de coco, la cassonade, le sirop d'érable, les œufs, la cannelle, le sel et les bananes écrasées, puis réserver.

03 Dans un autre bol, combiner la farine, la poudre à pâte et les flocons d'avoine, puis verser sur le mélange précédent. Remuer, puis ajouter les pacanes et les pépites de chocolat. Verser la préparation dans le moule.

04 Couper la banane entière en 2 dans le sens de la longueur, puis disposer les moitiés sur le dessus du pain. Saupoudrer de cassonade.

05 Cuire au four pendant 50 minutes, ou jusqu'à ce qu'un cure-dent inséré au centre en ressorte propre, puis laisser tiédir avant de démouler.

NIVEAU

*Facile*

| QUANTITÉ | PRÉPARATION | CUISSON | REPOS |
|---|---|---|---|
| *12 palmiers* | *20 min* | *20 min* | *15 min* |

CONGÉLATION

*Se congèle.*

CONSERVATION

*Se conserve 1 semaine dans un contenant hermétique à température ambiante.*

CATÉGORIES

*À offrir* ◆ *Rapide* ◆ *Sans noix*

# PALMIERS À LA CRÈME DE CAFÉ

INGRÉDIENTS

*Sucre, en quantité suffisante*

*1 abaisse (400 g) de pâte feuilletée*

POUR LA CRÈME DE CAFÉ

*3 c. à soupe de sucre*

*2 c. à soupe de café instantané*

*2 c. à soupe de fromage à la crème*

*1 c. à soupe de beurre, fondu*

*1 c. à soupe de poudre de cacao*

ÉTAPES

01 Dans un bol, mélanger tous les ingrédients « pour la crème de café », puis réserver.

02 Sur un plan de travail propre, saupoudrer du sucre, puis abaisser la pâte feuilletée afin d'obtenir un rectangle de 8 po x 12 po. Placer le rectangle de pâte à l'horizontale et le saupoudrer de sucre.

03 Plier le rectangle en 3, comme un portefeuille, en rabattant le côté gauche vers le centre, puis le droit vers le centre également par-dessus le gauche afin d'obtenir un rectangle d'environ 8 po x 4 po.

04 Abaisser la pâte à nouveau afin d'obtenir un rectangle de 8 po x 12 po qui sera alors à la verticale.

05 Tartiner toute la surface avec la crème de café, puis rouler chacun des longs côtés de pâte sur lui-même jusqu'au centre afin d'obtenir un long boudin double.

06 Placer le boudin au congélateur pendant 15 minutes.

07 Préchauffer le four à 425 °F et placer la grille au centre. Tapisser une plaque à pâtisserie de papier parchemin, puis réserver.

08 Couper le boudin en 12 tranches, puis disposer les palmiers sur la plaque.

09 Cuire au four pendant 20 minutes en prenant soin de tourner les palmiers à mi-cuisson.

| NIVEAU | QUANTITÉ | PRÉPARATION | CUISSON | REPOS |
|---|---|---|---|---|
| *Facile* | *environ 20 biscuits* | *15 min* | *10 à 12 min* | *2 h 15 min* |

# LES MEILLEURS BISCUITS AUX PÉPITES DE CHOCOLAT

*On a remué ciel et terre pour trouver la meilleure recette de biscuits aux pépites de chocolat en essayant au moins une dizaine de versions. On a fait voter nos amis et fait goûter à l'aveugle. C'était vraiment un processus sérieux, quasi angoissant. Ha ! Ha !*

*Je dirais même que ça a presque semé la bisbille au bureau parce que des clans se sont formés, mais on a fini par arriver à un consensus et je peux maintenant affirmer avec beaucoup d'assurance que j'ai la meilleure recette de biscuits au chocolat.*

CONGÉLATION

*La pâte se congèle avant la cuisson.*

CONSERVATION

*Se conserve de 2 à 3 jours dans un contenant hermétique à température ambiante.*

CATÉGORIES

*À offrir ◆ Économique ◆ Sans noix*

## INGRÉDIENTS

### INGRÉDIENTS SECS

*2 tasses de farine tout usage*

*¾ c. à thé de bicarbonate de soude*

*½ c. à thé de sel*

*2 tasses de pépites de chocolat*

### INGRÉDIENTS HUMIDES

*1 tasse de beurre, fondu*

*1 tasse de cassonade*

*½ tasse de sucre*

*1 œuf*

*1 jaune d'œuf*

*1 c. à thé d'extrait de vanille*

## ÉTAPES

01 Dans un bol, combiner tous les ingrédients secs, puis réserver.

02 Dans un autre bol, mélanger le beurre fondu, la cassonade et le sucre afin d'obtenir une texture homogène, puis incorporer le reste des ingrédients humides.

03 Ajouter les ingrédients secs, puis mélanger afin de former une pâte, sans plus. Emballer la pâte dans une pellicule plastique et la placer au réfrigérateur pendant un minimum de 2 heures ou toute la nuit.

04 Préchauffer le four à 350 °F et placer la grille au centre. Tapisser une plaque à pâtisserie de papier parchemin, puis réserver.

05 Façonner des boules de pâte d'environ 2 c. à soupe et les déposer sur la plaque en les espaçant. Aplatir légèrement les boules de pâte, puis cuire au four de 10 à 12 minutes.

06 Laisser refroidir sur la plaque, puis déguster.

NOTE

*Avant de façonner les biscuits, il est préférable de laisser tiédir la pâte pendant 15 minutes afin qu'elle soit plus facile à manipuler.*

NIVEAU

*Petit projet*

| QUANTITÉ | PRÉPARATION | CUISSON | REPOS |
|---|---|---|---|
| *6 muffins* | *30 min* | *30 min* | *15 à 20 min* |

CONGÉLATION

*Se congèle.*

CONSERVATION

*Se conserve de 2 à 3 jours dans un contenant hermétique au réfrigérateur.*

CATÉGORIES

*Pour recevoir* ◆ *Sans gluten*

# MUFFINS FAÇON MONT-BLANC, CHANTILLY & CRÈME DE MARRONS

INGRÉDIENTS

INGRÉDIENTS SECS

*½ tasse de farine de châtaigne*

*¼ tasse de farine de riz*

*⅓ tasse de sucre*

*50 g de chocolat au lait, haché*

*1 c. à thé de poudre à pâte*

*Une pincée de sel*

INGRÉDIENTS HUMIDES

*1 œuf*

*2 c. à soupe de beurre, fondu*

*1 c. à soupe d'huile végétale*

*¼ tasse de lait*

POUR LA CRÈME CHANTILLY

*¾ tasse de crème à fouetter 35 %*

*⅓ tasse de fromage mascarpone*

*¼ tasse de sucre en poudre*

*½ c. à thé d'extrait de vanille*

POUR GARNIR

*1 boîte (454 g) de crème de marrons*

*6 morceaux de meringue d'environ 1 po*

ÉTAPES

01 Préchauffer le four à 350 °F et placer la grille au centre. Beurrer un moule de 6 muffins, puis réserver.

02 Dans un bol, combiner tous les ingrédients secs, puis réserver.

03 Dans un autre bol, fouetter tous les ingrédients humides, puis verser sur les ingrédients secs. Bien mélanger, puis verser dans le moule.

04 Cuire au four pendant 30 minutes, puis laisser refroidir complètement.

05 Fouetter la crème jusqu'à l'obtention de pics fermes, puis ajouter le reste des ingrédients « pour la crème chantilly ». Réserver dans une poche à pâtisserie.

06 Placer la crème de marrons dans une autre poche à pâtisserie avec une douille ronde et fine, puis réserver.

07 Déposer un morceau de meringue sur chaque muffin, puis le couvrir d'une couche de crème chantilly. Garnir le tout de crème de marrons, puis déguster.

NOTE

*Vous pouvez remplacer les deux sortes de farine par ¾ tasse de farine tout usage, mais la recette contiendra alors du gluten.*

COUP DE CŒUR

NIVEAU

*Facile*

| QUANTITÉ | PRÉPARATION | CUISSON | REPOS |
|---|---|---|---|
| *12 galettes* | *15 min* | *12 à 15 min* | *15 min* |

CONGÉLATION

*La pâte se congèle avant la cuisson.*

CONSERVATION

*Se conserve de 3 à 4 jours dans un contenant hermétique à température ambiante.*

CATÉGORIES

*À offrir ◆ Économique ◆ Rapide ◆ Sans noix*

# LES MEILLEURES GALETTES À L'AVOINE & AUX RAISINS SECS

*Je ne suis vraiment pas pour le fait de mentir aux enfants, mais je dois avouer que je dis à ma fille de 2 ans que des fruits séchés, ce sont des bonbons. Ceux qu'elle préfère, ce sont les raisins secs, donc elle raffole de cette recette qu'elle cuisine de A à Z toute seule.*

*Ça finit souvent avec beaucoup de farine sur mon plancher, mais elle s'amuse. Elle adore taper sur les biscuits au moment où on les met sur la plaque, et selon son intensité, ça joue sur la texture finale. Quand elle les aplatit beaucoup, ça fait des galettes craquantes, et quand elle se sent douce, ils sont plus moelleux. Dans tous les cas, ils sont toujours bons.*

INGRÉDIENTS

INGRÉDIENTS SECS

*2 tasses de flocons d'avoine à cuisson rapide*

*1 ¼ tasse de farine tout usage*

*1 tasse de raisins secs*

*¾ c. à thé de bicarbonate de soude*

*¼ c. à thé de sel*

INGRÉDIENTS HUMIDES

*¾ tasse de cassonade*

*½ tasse de sucre*

*½ tasse de beurre, fondu*

*½ tasse d'huile végétale*

*1 œuf*

*1 c. à thé d'extrait de vanille*

ÉTAPES

01 Préchauffer le four à 350 °F et placer la grille au centre. Tapisser une plaque à pâtisserie de papier parchemin, puis réserver.

02 Dans un bol, combiner tous les ingrédients secs, puis réserver.

03 Dans un autre bol, fouetter tous les ingrédients humides jusqu'à l'obtention d'un mélange homogène.

04 Incorporer les ingrédients secs, puis remuer afin d'obtenir une pâte, sans plus.

05 Avec une cuillère, façonner des boules de pâte d'environ ¼ tasse, puis les placer sur la plaque en les espaçant. Aplatir les boules de pâte afin de former des galettes d'environ 3 po de diamètre.

06 Cuire au four de 12 à 15 minutes, puis laisser refroidir sur la plaque.

CHAPITRE

# LES BARRES & CARRÉS

05

NIVEAU

*Petit projet*

QUANTITÉ

*16 barres*

PRÉPARATION

*30 min*

REPOS

*12 h*

CONGÉLATION

*Se congèle.*

CONSERVATION

*Se conserve 1 mois dans un contenant hermétique au congélateur.*

CATÉGORIES

*Pour recevoir ◆ Léger ◆ Végétalien*
*Sans œufs ◆ Sans lactose ◆ Sans gluten*

# BARRES SANS CUISSON À LA LIME & À LA NOIX DE COCO

COUP DE CŒUR

INGRÉDIENTS

*Copeaux de noix de coco, pour décorer*

POUR LA CROÛTE

*¾ tasse de pacanes, hachées*

*½ tasse de dattes Medjool, dénoyautées (environ 6 dattes)*

*¼ tasse de noix de coco râpée non sucrée*

*Une pincée de sel*

POUR LA CRÈME DE COCO

*1 tasse de noix de cajou*

*1 boîte (398 ml) de lait de coco*

*½ tasse de jus de lime (environ 4 à 6 limes)*

*⅓ tasse de sirop d'érable*

*¼ tasse d'huile de coco*

*1 c. à soupe de zeste de lime*

*1 c. à thé d'extrait de vanille*

POUR LA CRÈME À LA LIME ET À L'AVOCAT

*La chair de 2 gros avocats mûrs*

*¼ tasse de jus de lime*

*¼ tasse de sirop d'érable*

*1 c. à soupe d'huile de coco*

*Le zeste de 2 limes*

ÉTAPES

01 La veille, faire tremper les noix de cajou dans l'eau, puis placer la boîte de lait de coco au réfrigérateur.

02 Rincer et égoutter les noix de cajou, puis réserver.

03 Sans l'agiter, ouvrir la boîte de lait de coco, puis réserver ¾ tasse de crème de coco (la partie solide formée sur le dessus de la boîte) dans un bol.

04 Tapisser un moule carré de 8 po de papier parchemin, puis réserver.

05 Au robot-mélangeur, broyer tous les ingrédients « pour la croûte » afin d'obtenir une texture de crumble. Verser dans le moule, presser avec les doigts afin de former la base, puis réserver.

06 Au robot-mélangeur, broyer tous les ingrédients « pour la crème de coco » afin d'obtenir une texture lisse et onctueuse. Verser dans le moule, puis étaler afin de former un étage uniforme. Réserver au congélateur pendant 1 heure afin que la crème soit ferme.

07 Au robot-mélangeur, broyer tous les ingrédients « pour la crème à la lime et à l'avocat » afin d'obtenir une texture lisse et homogène. Verser dans le moule, puis étaler afin de former un étage uniforme. Réserver au congélateur pendant un minimum de 3 heures, ou jusqu'à ce que le tout soit bien ferme.

08 Démouler, puis couper des barres à l'aide d'un couteau trempé dans l'eau chaude. Décorer avec les copeaux de noix de coco.

09 Laisser reposer pendant 15 minutes avant de déguster.

NIVEAU

*Ultra-facile*

QUANTITÉ

*environ 25 bouchées*

PRÉPARATION

*10 min*

REPOS

*15 min*

CONGÉLATION

*Se congèle.*

CONSERVATION

*Se conserve 3 semaines dans un contenant hermétique au réfrigérateur.*

CATÉGORIES

*À offrir ◆ Rapide ◆ Sans œufs ◆ Sans gluten*

# BOUCHÉES AUX NOIX, AUX CANNEBERGES & AU DULCE DE LECHE

INGRÉDIENTS

*½ tasse de noix de cajou rôties non salées*
*½ tasse de noix de Grenoble*
*½ tasse de graines de citrouille*
*½ tasse de canneberges séchées*
*2 c. à soupe de dulce de leche*
*Le zeste de 1 citron*
*Fleur de sel, au goût*

ÉTAPES

01 Au robot-mélangeur, broyer les noix de cajou et les noix de Grenoble afin d'obtenir une texture granuleuse, puis transférer dans un bol.

02 Ajouter le reste des ingrédients, puis mélanger jusqu'à l'obtention d'une pâte.

03 Avec les mains, façonner la pâte afin d'obtenir un carré d'environ 10 cm d'une épaisseur de 2,5 cm, puis réserver au réfrigérateur pendant 15 minutes.

04 Couper en petits carrés, puis servir.

| NIVEAU | QUANTITÉ | PRÉPARATION | CUISSON | REPOS |
|---|---|---|---|---|
| *Ultra-facile* | *9 à 12 barres* | *10 min* | *40 min* | *20 min* |

CONGÉLATION

*Se congèle.*

CONSERVATION

*Se conserve de 4 à 5 jours dans un contenant hermétique à température ambiante.*

CATÉGORIES

*À offrir ◆ Végétalien ◆ Sans œufs*
*Sans noix ◆ Sans lactose*

# BARRES DE QUINOA SOUFFLÉ À L'ORANGE & AUX ABRICOTS

INGRÉDIENTS

*1 ½ tasse de quinoa soufflé*

*½ tasse de flocons d'avoine à cuisson rapide*

*½ tasse d'abricots séchés, coupés en petits morceaux*

*⅓ tasse de sirop d'érable*

*⅓ tasse d'huile de coco, fondue*

*¼ tasse de noix de coco râpée*

*2 c. à soupe de graines de lin moulues (ou de graines de chia moulues)*

*Le zeste de 1 orange*

*Une pincée de sel*

ÉTAPES

01 Préchauffer le four à 300 °F et placer la grille au centre. Couvrir un moule carré de 8 po de papier parchemin, puis réserver.

02 Dans un bol, combiner tous les ingrédients, remuer, puis verser dans le moule. Presser le mélange à l'aide du dos d'une cuillère ou d'une spatule pour l'égaliser.

03 Cuire au four pendant 40 minutes, ou jusqu'à ce que ce soit légèrement doré, puis laisser refroidir complètement.

04 Couper en barres, puis déguster.

NIVEAU

*Ultra-facile*

QUANTITÉ

*15 boules*

PRÉPARATION

*10 min*

REPOS

*10 min*

CONGÉLATION

*Se congèle.*

CONSERVATION

*Se conserve 3 jours au réfrigérateur.*

CATÉGORIES

*À offrir ◆ Rapide ◆ Végétalien ◆ Sans œufs*
*Sans noix ◆ Sans lactose ◆ Sans gluten*

# BOULES D'ÉNERGIE AUX DATTES & AUX CANNEBERGES

INGRÉDIENTS

*12 dattes Medjool, dénoyautées*

*¼ tasse de canneberges séchées, hachées*

*¾ tasse de graines de tournesol, moulues*

*1 c. à soupe de graines de chia*

*2 c. à thé de poudre de cacao*

*1 c. à thé de matcha en poudre*

*2 c. à soupe de noix de coco râpée*

ÉTAPES

01 Au robot culinaire, réduire les dattes en purée. Ajouter les canneberges, les graines de tournesol, les graines de chia et la poudre de cacao, puis broyer afin d'obtenir un mélange homogène.

02 Avec les mains, façonner de petites boules, puis réserver au réfrigérateur pendant 10 minutes.

03 Combiner le matcha et la noix de coco, puis rouler les boules dans ce mélange.

NIVEAU

*Ultra-facile*

| QUANTITÉ | PRÉPARATION | CUISSON | REPOS |
| --- | --- | --- | --- |
| *12 à 16 bouchées* | *5 min* | *2 min* | *1 h* |

CONGÉLATION

*Se congèle.*

CONSERVATION

*Se conserve 2 semaines au réfrigérateur.*

CATÉGORIES

*À offrir ◆ Économique ◆ Rapide*
*Sans œufs ◆ Sans noix ◆ Sans gluten*

# CROQUANTS DE CHOCOLAT AUX CROUSTILLES MISS VICKIE'S[MD]

*J'ai assez confiance en moi dans la vie pour mettre une recette de croustilles au chocolat dans mon livre de desserts et ça me fait beaucoup rire. Parce que je ne sais même pas si on peut appeler ça un dessert ou si c'est plutôt de l'exagération. Mais dans tous les cas, il n'y a personne à qui j'en ai offert qui ne m'a pas demandé de lui en refaire. Alors, la morale de l'histoire : assumons notre folie, ça donne de bonnes choses la plupart du temps.*



INGRÉDIENTS

*3 tasses de croustilles nature Miss Vickie's[MD]*

*100 g de chocolat noir, haché*

*100 g de chocolat au lait, haché*

*1 c. à soupe de beurre*

ÉTAPES

01 Dans un bol, écraser grossièrement les croustilles avec les mains afin que la texture ressemble à celle d'un crumble, puis réserver.

02 Au bain-marie, faire fondre le chocolat noir, le chocolat au lait et le beurre, puis mélanger jusqu'à ce que la texture soit lisse et brillante.

03 Incorporer les croustilles, puis verser sur un papier parchemin. Couvrir d'un deuxième papier parchemin, puis à l'aide d'un rouleau à pâte, écraser le tout afin d'obtenir une couche mince.

04 Placer au réfrigérateur pendant 1 heure, ou jusqu'à ce que le chocolat soit dur, puis casser en morceaux pour servir.



COUP DE CŒUR

NIVEAU

*Facile*

PORTIONS

*8 à 10*

PRÉPARATION

*20 min*

CUISSON

*30 min*

# TROTTOIR AUX BLEUETS

CONGÉLATION

*Se congèle.*

CONSERVATION

*Se conserve 1 jour à température ambiante ou 2 jours au réfrigérateur.*

CATÉGORIES

*Pour recevoir* ◆ *Sans noix* ◆ *Sans lactose*

INGRÉDIENTS

*4 tasses de bleuets frais ou surgelés*

*½ tasse de sucre + pour décorer*

*3 c. à soupe de fécule de maïs*

*Une pincée de sel*

*2 paquets (400 g chacun) de pâte feuilletée*

*1 œuf, battu*

ÉTAPES

01 Préchauffer le four à 400 °F et placer la grille au centre. Tapisser une plaque à pâtisserie de papier parchemin, puis réserver.

02 Dans un bol, mélanger les bleuets, le sucre, la fécule de maïs et le sel en prenant soin d'écraser légèrement les bleuets. Réserver.

03 Sur un plan de travail fariné, abaisser le premier paquet de pâte feuilletée afin de former un rectangle de 20 cm x 40 cm. Transférer sur la plaque et réserver au réfrigérateur.

04 Abaisser le deuxième paquet de pâte feuilletée à une épaisseur de 3 mm et découper de longues bandes d'environ 2 cm de largeur. Réserver.

05 Verser les bleuets sur la pâte en laissant une bordure de 2 cm tout le tour, puis badigeonner la pâte avec l'œuf battu.

06 Placer les bandes de pâte en diagonale en les espaçant également et en les pressant à la bordure afin de former un motif quadrillé. Plier la bordure vers l'intérieur et bien presser. Badigeonner la bordure et les bandes de pâte avec l'œuf battu.

07 Saupoudrer une fine couche de sucre et cuire au four pendant 30 minutes, ou jusqu'à ce que la pâte soit bien dorée.

NOTE

*Cette recette peut être réalisée avec des fruits surgelés, décongelés et égouttés au choix.*

NIVEAU

*Facile*

| PORTIONS | PRÉPARATION | CUISSON | REPOS |
|---|---|---|---|
| *8 à 10* | *20 min* | *45 min* | *15 min* |

CONGÉLATION

*Se congèle.*

CONSERVATION

*Se conserve de 3 à 4 jours à température ambiante ou 2 semaines au réfrigérateur.*

CATÉGORIES

*Sans œufs* ◆ *Sans noix*

# CARRÉ AUX FIGUES & AU CHEDDAR FORT

*Je voulais réinventer le carré aux dattes, sans dattes, pour plaire aux gens qui n'aiment pas les dattes. Je me suis dit qu'explorer les figues allait faire changement au niveau du goût, mais pas de la texture, donc bingo ! Parce que s'il y a bien quelque chose qu'on aime du carré aux dattes, c'est son côté moelleux !*

*Dans un deuxième temps, j'ai aussi eu l'idée un peu étrange d'ajouter une touche de salé avec du fromage cheddar fort, et le résultat est vraiment miraculeux. Les gens goûtent et aiment, mais ils n'arrivent pas à mettre le doigt sur le petit quelque chose de différent. C'est l'effet que j'aime le plus créer quand je fais une recette. Surtout une recette de dessert.*

INGRÉDIENTS

*3 tasses (500 g) de figues séchées, coupées en 4*

*1 ¼ tasse d'eau*

INGRÉDIENTS SECS

*1 tasse de flocons d'avoine à cuisson rapide*

*¾ tasse de farine tout usage*

*¾ tasse de cassonade*

*Une pincée de sel*

*½ tasse de beurre froid, râpé*

*1 ½ tasse de fromage cheddar fort, râpé*

ÉTAPES

01 Dans une casserole, combiner les figues et l'eau. Porter à ébullition et laisser mijoter à feu doux pendant 15 minutes. Écraser le tout grossièrement à l'aide d'un presse-purée, puis réserver.

02 Préchauffer le four à 350 °F et placer la grille au centre. Beurrer et tapisser de papier parchemin un moule carré de 9 po, puis réserver.

03 Dans un bol, mélanger tous les ingrédients secs avec les doigts afin d'obtenir une texture de crumble.

04 Verser la moitié du mélange à l'avoine dans le moule et bien le compacter en pressant avec les mains.

05 Ajouter la garniture aux figues, bien l'étaler sur toute la surface, puis couvrir avec le reste du mélange à l'avoine.

06 Cuire au four pendant 30 minutes, puis laisser tiédir avant de servir.

NIVEAU

*Facile*

| QUANTITÉ | PRÉPARATION | CUISSON | REPOS |
| --- | --- | --- | --- |
| *9 à 12 carrés* | *20 min* | *45 min* | *20 min* |

COUP DE CŒUR

CONGÉLATION

*Se congèle.*

CONSERVATION

*Se conserve de 2 à 3 jours dans un contenant hermétique à température ambiante ou 1 semaine au réfrigérateur.*

CATÉGORIES

*Sans noix*

# BROWNIE AU CHOCOLAT & AUX GUIMAUVES

*Ma mère achetait souvent (parce que je la suppliais) des sacs de petits brownies ronds en épicerie et je capotais. Depuis, mon amour pour ce dessert n'a pas arrêté de grandir, mais j'ai eu la chance d'en faire 1 million de versions différentes et je vous présente aujourd'hui la meilleure recette.*

*Ils sont croustillants à l'extérieur et super tendres au centre. Et un secret vraiment précieux pour qu'ils soient parfaits, c'est de ne pas acheter des pépites de chocolat, mais d'utiliser du chocolat noir que vous allez concasser. Ça change tout.*



INGRÉDIENTS

INGRÉDIENTS SECS

*¾ tasse de farine tout usage*

*¼ c. à thé de bicarbonate de soude*

*Une pincée de sel*

INGRÉDIENTS HUMIDES

*300 g de chocolat noir, haché*
*+ 100 g, concassé en gros morceaux*

*¾ tasse de beurre*

*3 c. à soupe d'huile végétale*

*3 œufs*

*1 ¼ tasse de sucre*

*2 c. à thé d'extrait de vanille*

*1 tasse de guimauves miniatures*

ÉTAPES

01 Préchauffer le four à 350 °F et placer la grille au centre. Beurrer un moule carré de 8 po et le tapisser de papier parchemin, puis réserver.

02 Dans un bol, combiner tous les ingrédients secs, puis réserver.

03 Au bain-marie, faire fondre le chocolat haché avec le beurre et l'huile végétale, puis réserver.

04 Au batteur sur socle, fouetter les œufs, le sucre et l'extrait de vanille à vitesse élevée pendant 5 minutes, ou jusqu'à l'obtention d'une texture légère et mousseuse, puis incorporer le mélange de chocolat.

05 Ajouter les ingrédients secs, les guimauves et la moitié des morceaux de chocolat, puis mélanger. Verser dans le moule, puis garnir avec le reste des morceaux de chocolat.

06 Cuire au four pendant 45 minutes, puis laisser tiédir avant de démouler.

NIVEAU

*Facile*

| QUANTITÉ | PRÉPARATION | CUISSON | REPOS |
|---|---|---|---|
| *8 barres* | *15 min* | *40 min* | *1 h* |

CONGÉLATION

*Se congèle.*

CONSERVATION

*Se conserve 1 semaine au réfrigérateur.*

CATÉGORIES

*Végétalien ◆ Sans œufs*
*Sans lactose ◆ Sans gluten*

# BARRES AUX BANANES, AUX BLEUETS & AUX AMANDES

INGRÉDIENTS

*2 c. à soupe de graines de chia moulues*

*¼ tasse d'eau*

*1 ½ tasse de poudre d'amandes*

*¼ tasse de sirop d'érable*

*2 bananes mûres*

*1 ½ tasse de bleuets frais ou surgelés*

*¾ tasse de pépites de chocolat noir*

*¾ tasse de noix de coco râpée + pour décorer*

ÉTAPES

01 Préchauffer le four à 350 °F et placer la grille au centre. Tapisser un moule à pain de 9 po x 5 po de papier parchemin, puis réserver.

02 Dans un petit bol, combiner les graines de chia et l'eau, puis remuer pendant 1 minute. Laisser reposer environ 5 minutes afin d'obtenir une texture gélatineuse, puis réserver.

03 Dans un bol, mélanger la poudre d'amandes et le sirop d'érable. Presser le mélange au fond du moule afin de former une base compacte, puis réserver.

04 Au pied-mélangeur, broyer les bananes et ½ tasse de bleuets afin d'obtenir une purée, puis transférer dans un bol.

05 Ajouter les pépites de chocolat, le reste des bleuets la noix de coco et le mélange de chia, puis remuer. Verser sur la base d'amandes et décorer avec un peu de noix de coco.

06 Cuire au four pendant 40 minutes, puis laisser refroidir complètement avant de démouler.

NIVEAU

*Ultra-facile*

| QUANTITÉ | PRÉPARATION | CUISSON | REPOS |
|---|---|---|---|
| *24 carrés* | *5 min* | *8 min* | *2 h* |

CONGÉLATION

*Se congèle.*

CONSERVATION

*Se conserve plusieurs semaines dans un contenant hermétique au réfrigérateur.*

CATÉGORIES

*À offrir* ◆ *Rapide* ◆ *Végétalien* ◆ *Sans œufs*
*Sans lactose* ◆ *Sans gluten*

# CARRÉS AU HALVA & AUX NOIX





INGRÉDIENTS

*½ tasse d'eau*

*1 tasse de cassonade*

*1 ¾ tasse (500 g) de beurre de sésame (tahini)*

*½ tasse de noix de Grenoble + pour décorer*

*¼ tasse de pistaches + pour décorer*

ÉTAPES

01 Couvrir un moule à pain de 9 po x 5 po de pellicule plastique, puis réserver.

02 Dans une petite casserole, combiner l'eau et la cassonade. Porter à ébullition et laisser mijoter à feu moyen pendant 8 minutes afin d'obtenir un sirop.

03 Placer le beurre de sésame, les noix de Grenoble et les pistaches dans un bol. Verser le sirop, puis remuer avec une cuillère de bois pendant 1 minute.

04 Verser le mélange dans le moule, puis presser afin que le tout soit compact. Garnir de noix et de pistaches, puis placer au réfrigérateur pendant 2 heures, ou jusqu'à ce que ce soit figé.

05 Démouler, couper en carrés, puis déguster.

CHAPITRE

# LES DESSERTS GLACÉS

06

| NIVEAU | PORTIONS | PRÉPARATION | CUISSON | REPOS |
|---|---|---|---|---|
| *Ultra-facile* | *8* | *10 min* | *5 min* | *8 h 30 min* |

CONGÉLATION

*Se congèle.*

CONSERVATION

*Se conserve 1 mois au congélateur.*

CATÉGORIES

*Économique* ◆ *Sans œufs*
*Sans noix* ◆ *Sans gluten*

# SUCETTES GLACÉES AU CAFÉ LATTÉ

*Le but de faire des sucettes glacées au café latté est d'aider les gens qui n'ont pas de climatiseur à survivre en période de canicule. Vous pourrez prendre votre latté tout en vous rafraîchissant. N'est-ce pas merveilleux ?*

INGRÉDIENTS

*1 tasse de café infusé ou d'expresso fort*
*1 c. à soupe de sirop d'érable*
*2 tasses de crème 15 %*
*2 c. à soupe de sucre*

ÉTAPES

01 Dans une tasse, combiner le café et le sirop d'érable, puis laisser refroidir au réfrigérateur.

02 Dans une casserole, à feu doux, faire chauffer la crème et le sucre, puis remuer jusqu'à ce que le sucre soit dissous.

03 Verser le mélange de crème dans des moules à sucettes glacées en les remplissant aux trois quarts, puis placer au congélateur pendant 30 minutes.

04 Verser le café refroidi dans les moules, insérer des bâtonnets, puis replacer au congélateur pendant un minimum de 8 heures.

| NIVEAU | QUANTITÉ | PRÉPARATION | CUISSON | REPOS |
|---|---|---|---|---|
| *Facile* | *8 profiteroles* | *15 min* | *30 min* | *15 min* |

# PROFITEROLES & CRÈME GLACÉE À LA VANILLE

CONGÉLATION

*Se congèle.*

CONSERVATION

*Se conserve de 1 à 2 jours dans un contenant hermétique à température ambiante.*

CATÉGORIES

*Pour recevoir* ◆ *Économique* ◆ *Sans noix*

*Je n'aime pas trop utiliser des poches et des douilles à pâtisserie, donc je ne faisais jamais de profiteroles parce que je finissais toujours par en mettre partout. Peut-être que je ne suis tout simplement pas assez délicate. Une chose est certaine, personne ne pourra m'obstiner sur le fait que ce que je m'apprête à vous proposer comme solution est mille fois plus facile. Le secret ? Une petite cuillère à crème glacée à levier de 45 ml. Tapez le nom dans un moteur de recherche si vous ne voyez pas de quoi je parle. Je vous assure, ça se trouve partout et facilement. C'est juste important d'utiliser la toute petite de 45 ml parce que si vous prenez la grosse, vos choux seront géants et vous devrez augmenter le temps de cuisson à 40 minutes.*



INGRÉDIENTS

*½ tasse d'eau*
*¼ tasse de beurre*
*1 c. à thé de sucre*
*¼ c. à thé de sel*
*½ tasse de farine tout usage*
*2 œufs*
*Crème glacée à la vanille, pour servir*
*Sucre en poudre, pour servir*

ÉTAPES

01 Préchauffer le four à 400 °F et placer la grille au centre. Tapisser une plaque à pâtisserie de papier parchemin, puis réserver.

02 Dans une petite casserole, combiner l'eau, le beurre, le sucre et le sel. Porter à ébullition, puis retirer du feu. Ajouter la farine et mélanger avec une cuillère de bois jusqu'à ce que la pâte forme une boule lisse qui se détache des parois.

03 Remettre sur le feu, puis poursuivre la cuisson à feu doux pendant 1 minute en remuant.

04 Transférer la pâte dans un bol, puis incorporer les œufs, un à la fois, en remuant vigoureusement jusqu'à ce que la pâte soit lisse et qu'elle ait absorbé tous les œufs.

05 À l'aide d'une petite cuillère à crème glacée à levier de 45 ml, façonner des boules de pâte et les déposer sur la plaque en laissant un espace de 3 cm entre chacune.

06 Cuire au four pendant 25 minutes, ou jusqu'à ce que la pâte soit dorée, puis éteindre le four. Laisser les choux dans le four pendant 15 minutes supplémentaires afin de bien les assécher, puis laisser refroidir complètement.

07 Au moment de servir, couper les choux en 2 dans le sens de l'épaisseur. Garnir avec la crème glacée à la vanille et saupoudrer de sucre en poudre.



NOTE

*Il est important de ne pas ouvrir le four pendant la cuisson puisque ça ferait retomber les choux.*
*Pour une version un peu plus gourmande, vous pouvez servir les choux avec de la sauce au chocolat.*

NIVEAU

*Petit projet*

| PORTIONS | PRÉPARATION | CUISSON | REPOS |
|---|---|---|---|
| *10 à 12* | *30 min* | *2 min* | *24 à 48 h* |

CONGÉLATION

*Se congèle.*

CONSERVATION

*Se conserve 3 semaines au congélateur.*

CATÉGORIES

*Pour recevoir* ◆ *Économique* ◆ *Sans noix*

# GÂTEAU À LA CRÈME GLACÉE

INGRÉDIENTS

*2 l de crème glacée à la vanille*

*6 tasses de flocons de céréales multigrains (ou de céréales au choix)*

*300 g de chocolat au lait, haché*

*3 c. à soupe d'huile végétale*

*1 tasse de crème à fouetter 35 %*

*6 boules de crème glacée au chocolat (ou saveur au choix)*

*Sauce au caramel ou au chocolat, pour décorer*

*Confettis multicolores, pour décorer*

ÉTAPES

01 Transférer la crème glacée dans un grand bol et remuer afin que la texture soit malléable. Réserver au congélateur.

02 Beurrer et tapisser un contenant rond de 2 litres (6 à 7 po de diamètre) de pellicule plastique, puis réserver.

03 Au robot-mélangeur, broyer les céréales afin d'obtenir une texture granuleuse, puis réserver.

04 Au bain-marie, faire fondre le chocolat avec l'huile végétale, puis ajouter les céréales. Bien mélanger, puis réserver.

05 Remplir le contenant avec ⅓ de la crème glacée à la vanille, puis garnir avec ⅓ du mélange de céréales au chocolat. Bien étaler afin de former une couche uniforme, puis répéter jusqu'à ce que le contenant soit plein.

06 Congeler le gâteau pendant un minimum de 24 heures afin qu'il soit bien ferme.

07 Dans un bol, fouetter la crème jusqu'à l'obtention de pics fermes, puis réserver au réfrigérateur.

08 Démouler le gâteau et retirer la pellicule plastique. Étaler la crème fouettée sur les côtés et le dessus du gâteau, puis garnir avec les boules de crème glacée au chocolat.

09 Réserver au congélateur jusqu'au moment de servir (idéalement, pendant 24 heures afin que le gâteau soit bien ferme au moment de le couper).

10 Servir avec la sauce au caramel et les confettis multicolores.

NIVEAU

*Ultra-facile*

PORTIONS

*2*

PRÉPARATION

*5 min*

CONGÉLATION

*Se congèle.*

CONSERVATION

*Se conserve 3 mois au congélateur (broyer à nouveau avant de déguster).*

CATÉGORIES

*Économique ◆ Rapide ◆ Léger*
*Végétalien ◆ Sans œufs ◆ Sans noix*
*Sans lactose ◆ Sans gluten*

# GLACE À L'ANANAS (DOLE WHIP) À BASE DE 3 INGRÉDIENTS

INGRÉDIENTS

*2 tasses d'ananas, coupé en cubes et congelé*

*1 banane, congelée*

*⅓ tasse de lait végétal au choix*

ÉTAPES

01 Au robot-mélangeur, broyer tous les ingrédients jusqu'à l'obtention d'une texture lisse et onctueuse (la glace doit être ferme et bien se tenir). Ajouter du lait au besoin.

NOTE

*Pour présenter la glace comme sur la photo, vous n'avez qu'à placer le mélange dans une poche à pâtisserie.*

NIVEAU

*Facile*

PORTIONS

*6 à 8*

PRÉPARATION

*20 min*

CUISSON

*5 min*

REPOS

*5 h*

CONGÉLATION

*Se congèle.*

CONSERVATION

*Se conserve 1 mois au congélateur.*

CATÉGORIES

*Végétalien* ◆ *Sans œufs*
*Sans lactose* ◆ *Sans gluten*

# SUCETTES GLACÉES VÉGANES DE TYPE HÄAGEN-DAZS MD

INGRÉDIENTS

*300 g de chocolat noir ou au lait*

POUR LA CRÈME GLACÉE

*1 tasse de noix de cajou non salées*

*1 banane bien mûre*

*1 tasse de lait de coco*

*2 c. à soupe de miel (ou de sirop d'érable)*

*1 c. à soupe d'extrait de vanille*

*Une pincée de sel*

IDÉES DE GARNITURES

*Amandes effilées*

*Noisettes hachées*

*Nougat haché*

*Pépites de caramel*

ÉTAPES

01 Dans un bol, faire tremper les noix de cajou dans l'eau pendant un minimum de 1 heure, puis égoutter.

02 Au robot-mélangeur, broyer tous les ingrédients « pour la crème glacée » jusqu'à l'obtention d'une purée lisse, puis verser dans des moules à sucettes glacées. Placer au congélateur pendant un minimum de 4 heures, ou jusqu'à ce que les sucettes soient bien fermes, puis démouler. Réserver au congélateur.

03 Au bain-marie, faire fondre le chocolat, puis laisser tiédir quelques minutes. Si désiré, ajouter une garniture au choix, puis bien mélanger.

04 Tremper les sucettes dans le chocolat, une à la fois, puis les déposer sur un papier parchemin.

05 Réserver au congélateur jusqu'au moment de servir.

NOTE

*L'utilisation de moules en silicone facilite le démoulage.*

# TROIS IDÉES DE DESSERTS À BOIRE

RECETTES AUX PAGES 170 ET 171

NIVEAU

*Ultra-facile*

PORTIONS

*1 par saveur*

PRÉPARATION

*5 min*

CONGÉLATION

*Ne se congèle pas.*

CONSERVATION

*À consommer immédiatement.*

CATÉGORIES

*Économique ◆ Rapide ◆ Sans noix*

# TROIS IDÉES DE DESSERTS À BOIRE

*C'est quand même facile de faire un milkshake parce que les possibilités sont infinies et que c'est toujours super bon. J'ai longtemps réfléchi pour trouver des idées originales et je suis contente de ce que ça donne. J'ai sélectionné trois de mes desserts préférés pour en faire des desserts à boire et c'est vraiment impressionnant. Petit coup de cœur pour celui aux pommes.*



PHOTO À LA PAGE 168

ÉTAPES

01 Au robot-mélangeur, broyer les ingrédients de la saveur choisie afin d'obtenir une texture lisse et homogène.

02 Servir dans un verre avec de la crème fouettée et des garnitures au choix.



---

NOTE

*On peut remplacer la crème glacée par du yogourt glacé pour une version un peu plus légère.*

## MILKSHAKE AU GÂTEAU AU FROMAGE & AUX FRAISES

INGRÉDIENTS

*2 boules de crème glacée à la vanille*

*½ tasse de fraises fraîches ou surgelées (5 à 6 fraises) + pour garnir*

*¼ tasse de fromage à la crème*

*Crème fouettée, pour garnir*

*Chapelure de biscuits Graham, pour garnir*

## MILKSHAKE AU GÂTEAU FORÊT-NOIRE

INGRÉDIENTS

*2 boules de crème glacée au chocolat*

*½ tasse de cerises fraîches ou surgelées, dénoyautées*

*½ tasse de lait*

*Crème fouettée, pour garnir*

*Copeaux de chocolat noir, pour garnir*

## MILKSHAKE À LA TARTE AUX POMMES

INGRÉDIENTS

*2 boules de crème glacée à la vanille*

*½ tasse de compote de pommes*

*¼ tasse de jus de pomme naturel*

*Une pincée de cannelle moulue*

*Crème fouettée, pour garnir*

*Bâtons de cannelle, pour garnir*

NIVEAU

*Petit projet*

| QUANTITÉ | PRÉPARATION | CUISSON | REPOS |
| --- | --- | --- | --- |
| *12 sandwichs* | *20 min* | *10 min* | *minimum de 3 h* |

CONGÉLATION

*Se congèle.*

CONSERVATION

*Se conserve 2 mois dans une pellicule plastique au congélateur.*

CATÉGORIES

*Économique* ◆ *Sans noix*

# SANDWICHS À LA CRÈME GLACÉE À LA VANILLE (COMME AU DÉPANNEUR)

INGRÉDIENTS

*1 l de crème glacée à la vanille*

INGRÉDIENTS SECS

*1 ¼ tasse de farine tout usage*

*½ tasse de poudre de cacao*

*½ c. à thé de bicarbonate de soude*

*¼ c. à thé de sel*

INGRÉDIENTS HUMIDES

*¼ tasse de beurre, ramolli*

*¾ tasse de sucre*

*⅔ tasse de lait*

COUP DE CŒUR

ÉTAPES

01 Sur un plan de travail, déposer 2 feuilles de papier parchemin, puis les badigeonner d'huile. Réserver.

02 Dans un bol, mélanger tous les ingrédients secs, puis réserver.

03 Au batteur sur socle, battre le beurre et le sucre pendant 5 minutes afin d'obtenir une texture crémeuse. Incorporer les ingrédients secs et le lait en alternant, puis mélanger afin d'obtenir une boule de pâte.

04 Déposer la boule de pâte sur l'une des feuilles de papier parchemin, puis recouvrir avec l'autre en plaçant le côté huilé vers la pâte. Abaisser la pâte en une mince couche afin d'obtenir un rectangle d'environ 13 po x 17 po.

05 Placer au réfrigérateur pendant 10 minutes afin que la pâte refroidisse, puis retirer le papier parchemin du dessus en le décollant délicatement.

06 Préchauffer le four à 350 °F et placer la grille au centre.

07 Glisser le biscuit sur une plaque à pâtisserie, puis cuire au four pendant 10 minutes.

08 Laisser tiédir pendant 5 minutes, puis couper environ ½ po tout le tour afin d'égaliser les côtés. Couper ensuite en 2 parties égales (environ 8 po x 12 po). Laisser refroidir complètement.

POUR L'ASSEMBLAGE

09 Dans un bol, remuer la crème glacée avec une cuillère afin d'obtenir une texture malléable, mais pas trop molle non plus.

10 Tartiner la surface de l'un des biscuits avec la crème glacée, puis poser le deuxième biscuit par-dessus. Presser légèrement, puis placer au congélateur pendant un minimum de 3 heures, ou jusqu'à ce que la crème glacée soit bien ferme.

11 Couper des rectangles de 2 po x 4 po, emballer individuellement, puis réserver au congélateur jusqu'au moment de servir.

NIVEAU

*Ultra-facile*

| QUANTITÉ | PRÉPARATION | CUISSON | REPOS |
|---|---|---|---|
| *3 tasses* | *15 min* | *3 min* | *minimum de 30 min* |

CONGÉLATION

*Se congèle (broyer au robot-mélangeur avant de servir).*

# SORBET AUX KIWIS

CONSERVATION

*À consommer immédiatement.*

CATÉGORIES

*Économique ◆ Rapide ◆ Léger*
*Végétalien ◆ Sans œufs ◆ Sans noix*
*Sans lactose ◆ Sans gluten*

INGRÉDIENTS

*⅓ tasse d'eau*

*¼ tasse de sucre*

*1 c. à soupe de jus de citron*

*6 kiwis, pelés, coupés en cubes et congelés*

ÉTAPES

01 Dans une casserole, porter l'eau et le sucre à ébullition, puis remuer afin de dissoudre le sucre. Retirer du feu et laisser refroidir complètement au réfrigérateur.

02 Au robot-mélangeur, broyer l'eau sucrée, le jus de citron et les kiwis congelés jusqu'à l'obtention d'une texture lisse et homogène.

03 Servir immédiatement.

NIVEAU

*Ultra-facile*

PORTIONS

*2 à 4*

PRÉPARATION

*5 min*

COUP DE CŒUR

CONGÉLATION

*Se congèle.*

CONSERVATION

*À consommer immédiatement.*

CATÉGORIES

*Économique* ◆ *Rapide* ◆ *Léger*
*Végétalien* ◆ *Sans œufs* ◆ *Sans noix*
*Sans lactose* ◆ *Sans gluten*

# BARBOTINE AU MELON D'EAU

*Je ne vous dis pas à quel point j'ai eu les doigts et les pieds gelés lors de la séance photo de cette recette. J'ai échappé un verre et tout son contenu sur mes pieds, et ça a été vraiment long avant que je trouve une bonne position pour la photo. Qu'est-ce que je ne ferais pas pour vous ?*



INGRÉDIENTS

*4 tasses de cubes de melon d'eau, congelés*

*Le jus de 1 citron*

*Le zeste de ½ citron*

*1 ½ tasse d'eau froide*

*Sucre ou sirop d'érable, au goût*

ÉTAPES

01 Au robot-mélangeur, broyer les cubes de melon d'eau congelés, le jus et le zeste de citron ainsi que l'eau jusqu'à l'obtention d'une texture de barbotine.

02 Ajouter du sucre au goût, puis servir dans des verres avec une paille.



NOTE

*Le jus et le zeste de citron pourraient être remplacés par le jus de deux limes et le zeste d'une.*

# TROIS SAVEURS
# DE CRÈME GLACÉE MOLLE

RECETTES AUX PAGES 180 ET 181

NIVEAU

*Ultra-facile*

PORTIONS

2

PRÉPARATION

*5 min*

REPOS

*30 min*

CONGÉLATION

*Se congèle (broyer pour retrouver la texture initiale).*

CONSERVATION

*Se conserve 1 semaine au congélateur.*

# TROIS SAVEURS DE CRÈME GLACÉE MOLLE

PHOTO À LA PAGE 178

ÉTAPES

01 Au robot-mélangeur, broyer tous les ingrédients de la saveur choisie jusqu'à l'obtention d'une purée lisse et homogène.

02 Placer au congélateur pendant 30 minutes, ou jusqu'à l'obtention de la texture désirée.

03 Déguster à la cuillère ou dans un cornet.

## CRÈME GLACÉE MOLLE AU CHOCOLAT & AU BEURRE D'ARACHIDE

CATÉGORIES

*Économique ◆ Rapide*
*Léger ◆ Végétalien*
*Sans œufs ◆ Sans lactose*
*Sans gluten*

INGRÉDIENTS

*3 bananes, coupées en rondelles et congelées*

*¼ tasse de poudre de cacao*

*2 c. à soupe de beurre d'arachide*

## CRÈME GLACÉE MOLLE AU CARAMEL AU BEURRE

CATÉGORIES

*Économique ◆ Rapide*
*Léger ◆ Sans œufs*
*Sans noix ◆ Sans gluten*

INGRÉDIENTS

*3 bananes, coupées en rondelles et congelées*

*2 c. à soupe de tartinade au caramel, maison ou du commerce*

*2 c. à soupe de beurre salé, fondu*

## CRÈME GLACÉE MOLLE AUX PETITS FRUITS

CATÉGORIES

*Économique ◆ Rapide ◆ Léger*
*Végétalien ◆ Sans œufs*
*Sans noix ◆ Sans gluten*

INGRÉDIENTS

*3 bananes, coupées en rondelles et congelées*

*¼ tasse de mélange de petits fruits congelés au choix*

*1 c. à soupe de miel (ou de sirop d'érable)*

CHAPITRE

# LES TARTES

07

NIVEAU

*Facile*

QUANTITÉ

*425 g (pour 1 moule à tarte de 9 po)*

PRÉPARATION

*10 min*

REPOS

*30 min*

CONGÉLATION

*Se congèle.*

CONSERVATION

*Se conserve 1 semaine dans une pellicule plastique au réfrigérateur.*

CATÉGORIES

*Rapide ◆ Sans noix*

# PÂTE À TARTE DE BASE

*C'est une pâte à tarte de base très rapide à préparer qui s'adapte à plusieurs recettes. Elle est polyvalente, facile à manipuler et elle goûte juste assez le beurre.*

INGRÉDIENTS

*1 ¼ tasse de farine tout usage*

*½ tasse de beurre froid, coupé en morceaux*

*2 c. à soupe de sucre*

*Une pincée de sel*

*1 jaune d'œuf*

*2 c. à soupe d'eau froide*

ÉTAPES

01 Au robot culinaire, broyer en plusieurs petits coups la farine, le beurre, le sucre et le sel jusqu'à l'obtention d'une texture granuleuse.

02 Ajouter le jaune d'œuf et l'eau, puis broyer à nouveau jusqu'à ce qu'une boule de pâte se forme, sans plus.

03 Emballer la pâte dans une pellicule plastique et placer au réfrigérateur pendant un minimum de 30 minutes avant d'utiliser.

NOTE

*On peut ajouter de la farine si la pâte est trop humide ou de l'eau si la pâte est trop sèche.*
*Il est important que les ingrédients soient bien froids au moment de réaliser la recette.*
*Si on réfrigère la pâte plus longtemps, il faudra la retravailler légèrement avec la paume de la main au moment de l'utiliser.*

NIVEAU

*Facile*

PORTIONS

*4 à 6*

PRÉPARATION

*20 min*

CUISSON

*5 min*

REPOS

*5 min*

CONGÉLATION

*Ne se congèle pas.*

CONSERVATION

*À consommer le jour même.*

CATÉGORIES

*Pour recevoir* ◆ *Rapide* ◆ *Léger* ◆ *Sans noix*

# PIZZA À LA TARTE AU CITRON SUR LE BARBECUE

INGRÉDIENTS

*Le zeste de 1 citron*

*La chair de 1 citron, coupée en petits cubes*

*¼ tasse de sucre*

*1 tasse (250 g) de fromage mascarpone*

*1 abaisse de pâte à pizza*

*2 c. à soupe de sirop d'érable*

*¾ tasse de crème 35 %, fouettée*

*5 fines tranches de citron*

*Quelques copeaux de chocolat noir*

ÉTAPES

01 Préchauffer le barbecue à feu moyen.

02 Dans un bol, mélanger le zeste et la chair du citron avec le sucre et le mascarpone, puis réserver au réfrigérateur.

03 Abaisser la pâte à pizza, puis la faire griller sur le barbecue pendant 1 minute de chaque côté. Retirer du feu, badigeonner chaque côté de sirop d'érable, puis laisser tiédir pendant 5 minutes.

04 Garnir avec la crème au citron, la crème fouettée, les tranches de citron et quelques copeaux de chocolat noir.

| NIVEAU | PORTIONS | PRÉPARATION | CUISSON | REPOS |
|---|---|---|---|---|
| *Facile* | *6 à 8* | *30 min* | *45 à 50 min* | *1 h* |

# TARTE À LA CRÈME BRÛLÉE

CONGÉLATION

*Ne se congèle pas.*

CONSERVATION

*Se conserve de 2 à 3 jours au réfrigérateur.*

CATÉGORIES

*Pour recevoir* ◆ *Économique* ◆ *Sans noix*

INGRÉDIENTS

*1 abaisse (425 g) de pâte à tarte (voir recette à la page 184)*

*6 jaunes d'œufs*

*¼ tasse de sucre + 2 c. à soupe pour brûler*

*½ c. à thé d'extrait de vanille*

*½ tasse de crème 35 %*

*½ tasse de lait*

ÉTAPES

01 Préchauffer le four à 350 °F et placer la grille au centre. Découper un cercle de 12 po de diamètre de papier parchemin, puis réserver.

02 Sur un plan de travail fariné, abaisser la pâte et foncer un moule à tarte de 9 po. Couvrir la pâte avec le cercle de papier parchemin, puis remplir la tarte avec des billes de cuisson (voir note).

03 Cuire au four de 15 à 20 minutes. Laisser refroidir quelques minutes avant de retirer les billes de cuisson et le papier parchemin, puis réserver. Réduire la température du four à 325 °F.

04 Au batteur électrique, fouetter les jaunes d'œufs, le sucre et l'extrait de vanille pendant 2 minutes afin que le mélange soit blanc et mousseux. Incorporer la crème et le lait, puis verser le tout sur la pâte.

05 Cuire au four pendant 30 minutes, ou jusqu'à ce que le centre soit cuit, mais qu'il bouge encore. Laisser refroidir complètement à température ambiante, puis placer au réfrigérateur pendant un minimum de 30 minutes.

06 Au moment de servir, saupoudrer toute la surface de la tarte de sucre, puis brûler le tout à l'aide d'une torche afin d'obtenir une croûte caramélisée.

---

NOTE

*Les billes de cuisson permettent de cuire une pâte à blanc, c'est-à-dire sans garniture. Ainsi, la pâte ne lève pas et elle cuit à la perfection. Vous pouvez remplacer les billes par des pois secs ou des légumineuses sèches.*

NIVEAU

*Ultra-facile*

| PORTIONS | PRÉPARATION | CUISSON | REPOS |
|---|---|---|---|
| *6 à 8* | *20 min* | *8 min* | *15 min* |

COUP DE CŒUR

CONGÉLATION

*Ne se congèle pas.*

CONSERVATION

*Se conserve 1 jour au réfrigérateur.*

CATÉGORIES

*Rapide* ◆ *Sans œufs* ◆ *Sans gluten*

# TARTE AUX POIRES & AU BRIE DANS UNE CROÛTE AUX NOIX

*Mon idée initiale était de réinventer le traditionnel plateau de fromages qu'on sert avec des noix et des fruits en le présentant dans une tarte. Je me trouve drôle, mais reste que c'est l'invention du siècle. Je vous le jure, c'est malade.*

*C'est délicieux quand la tarte est encore tiède et que le fromage est coulant, mais c'est plus difficile à couper dans ce temps-là. Lorsque la tarte est refroidie, les tranches sont parfaitement jolies, mais le fromage n'est pas coulant. On fait donc face à un choix difficile et existentiel au moment de servir. Personnellement, j'opte pour la pointe laide, mais coulante. Ha ! Ha ! Ha !*



INGRÉDIENTS

POUR LA CROÛTE

*1 ¼ tasse de noix de Grenoble, hachées*

*1 tasse de dattes Medjool, dénoyautées*

*Une pincée de sel*

POUR LA GARNITURE

*1 c. à soupe de beurre*

*6 poires, pelées et coupées en quartiers*

*1 c. à soupe de sucre*

*350 g de fromage brie, coupé en pointes avec la croûte*

*Fleur de sel, au goût*

ÉTAPES

01 Au robot culinaire, broyer tous les ingrédients « pour la croûte » afin d'obtenir une texture granuleuse. Verser dans un moule à tarte de 9 po à fond amovible, puis presser afin de former une croûte. Réserver.

02 Dans une poêle, à feu vif, faire fondre le beurre, puis cuire les poires avec le sucre de 6 à 8 minutes afin qu'elles soient bien tendres et caramélisées.

03 Ajouter le fromage, mélanger délicatement, puis verser sur la croûte. Saupoudrer de fleur de sel.

04 Laisser refroidir quelques minutes, puis couper en pointes pour servir.

NOTE

*Puisque la pâte est crue, on peut la faire d'avance, foncer le moule à tarte et préparer la garniture au dernier moment.*

| NIVEAU | PORTIONS | PRÉPARATION | CUISSON | REPOS |
|---|---|---|---|---|
| *Facile* | *6 à 8* | *20 min* | *30 à 35 min* | *15 min* |

CONGÉLATION

*Se congèle.*

CONSERVATION

*Se conserve de 1 à 2 jours à température ambiante ou de 3 à 4 jours au réfrigérateur.*

CATÉGORIES

*Pour recevoir*

# TARTE SABLÉE À LA CRÈME D'AMANDES

*Idéale pour servir avec une boisson chaude comme un café, un thé ou une tisane, cette tarte à la garniture assez dense est super savoureuse. La texture ressemble drôlement à celle d'un sablé et j'ai réduit la quantité de beurre et de sucre au maximum. Tiède, elle est encore meilleure.*

INGRÉDIENTS

*1 abaisse (425 g) de pâte à tarte (voir recette à la page 184)*

*¼ tasse de beurre, ramolli*

*½ tasse de sucre*

*3 œufs*

*2 tasses de poudre d'amandes*

*1 c. à soupe de farine tout usage*

*1 c. à thé d'extrait d'amande*

*Une pincée de sel*

*½ tasse d'amandes effilées*

ÉTAPES

01 Préchauffer le four à 350 °F et placer la grille au centre.

02 Sur un plan de travail fariné, abaisser la pâte afin de former un rectangle de 16 po x 6 po (épaisseur de ⅓ po), puis foncer un moule à fond amovible de 14 po x 4 po (voir note).

03 Au batteur sur socle, battre le beurre et le sucre de 3 à 4 minutes afin que le mélange soit blanc et que le sucre soit dissous.

04 Ajouter les œufs, un à la fois, puis incorporer la poudre d'amandes, la farine, l'extrait d'amande et le sel. Verser sur la pâte, puis garnir avec les amandes effilées.

05 Cuire au four de 30 à 35 minutes. Laisser refroidir quelques minutes, puis couper en pointes pour servir.

NOTE

*On peut aussi réaliser cette recette avec un moule à tarte de 9 po.*

NIVEAU

*Facile*

| PORTIONS | PRÉPARATION | CUISSON | REPOS |
|---|---|---|---|
| *6 à 8* | *30 min* | *25 à 30 min* | *15 min* |

CONGÉLATION

*Se congèle.*

CONSERVATION

*Se conserve 2 jours à température ambiante.*

CATÉGORIES

*Pour recevoir ◆ Économique*

# TARTE À LA FERLOUCHE

*Quand j'ai commencé à faire des recherches pour créer ce livre, j'ai ouvert un très vieux livre de recettes sur les desserts du Québec afin de me renseigner sur ce que nos grands-mères avaient l'habitude de cuisiner. J'en ai découvert des choses, et la tarte à la ferlouche fut mon petit coup de cœur. Quel nom étrange et attachant!*

*J'ai compris que c'était une tarte sucrée à base de mélasse et de raisins. Dans ma version, j'ai décidé d'omettre le sucre et de rendre la recette un peu plus «fancy» avec des raisins blonds. Le résultat est super beau et bon. On dirait presque que l'idée est née dans les années 2000.*



INGRÉDIENTS

*1 tasse de raisins secs blonds*

*1 tasse d'eau*

*3 c. à soupe de mélasse*

*1 c. à soupe de fécule de maïs, diluée dans ¼ tasse d'eau froide*

*1 c. à soupe de beurre*

*¼ c. à thé de sel*

*2 abaisses (425 g chacune) de pâte à tarte (voir recette à la page 184)*

*1 œuf, battu*

ÉTAPES

01 Préchauffer le four à 375 °F et placer la grille au centre.

02 Dans une casserole, combiner les raisins, l'eau et la mélasse, puis porter à ébullition.

03 Ajouter la fécule de maïs diluée, le beurre et le sel, puis poursuivre la cuisson pendant 1 minute en remuant afin que le mélange épaississe. Laisser refroidir légèrement.

04 Sur un plan de travail fariné, abaisser la première abaisse de pâte et foncer un moule à tarte de 9 po. Verser la garniture sur la pâte, puis badigeonner le contour avec l'œuf battu.

05 Abaisser la deuxième abaisse de pâte, puis la découper en bandes de 1 po de largeur. Tresser un treillis, puis le placer sur la garniture. Couper l'excédent de pâte et badigeonner le treillis avec l'œuf battu.

06 Cuire au four de 25 à 30 minutes.

07 Laisser refroidir quelques minutes, puis couper en pointes pour servir.

NIVEAU

*Facile*

PORTIONS

*12*

PRÉPARATION

*25 min*

CUISSON

*25 min*

REPOS

*15 min*

CONGÉLATION

*Se congèle.*

CONSERVATION

*Se conserve 1 semaine dans un contenant hermétique à température ambiante.*

CATÉGORIES

*Pour recevoir ◆ Sans œufs*

# TARTE FINE AU BAKLAVA

INGRÉDIENTS

- *½ tasse de pistaches*
- *1 ½ tasse de noix de Grenoble*
- *½ tasse d'amandes*
- *¾ tasse de beurre, fondu*
- *½ tasse de miel*
- *1 c. à thé de cannelle moulue*
- *Le zeste de 1 orange*
- *6 feuilles de pâte phyllo*

ÉTAPES

01 Préchauffer le four à 350 °F et placer la grille au centre. Tapisser une plaque à pâtisserie de papier parchemin, puis réserver.

02 Au robot-mélangeur, hacher grossièrement les pistaches, les noix de Grenoble et les amandes, puis transférer dans un grand bol.

03 Ajouter ¼ tasse de beurre fondu, le miel, la cannelle et le zeste d'orange, puis verser sur les noix. Bien mélanger, puis réserver.

04 À l'aide d'un pinceau, badigeonner chaque feuille de pâte phyllo avec le beurre. Les plier en 2 au fur et à mesure et les placer les unes sur les autres sur la plaque.

05 Étaler la préparation aux noix sur le dessus de la pâte phyllo, puis cuire au four pendant 25 minutes. Laisser refroidir à température ambiante pendant 15 minutes.

| NIVEAU | QUANTITÉ | PRÉPARATION | CUISSON | REPOS |
|---|---|---|---|---|
| *Petit projet* | *6 tartelettes* | *20 min* | *12 min* | *1 h* |

CONGÉLATION

*Se congèle.*

CONSERVATION

*Se conserve 2 jours au réfrigérateur.*

CATÉGORIES

*Sans noix*

# TARTELETTES DE MI-CUIT AU CHOCOLAT & CROÛTES À LA PÂTE À BISCUITS

*J'ai réalisé que la cuisson d'un biscuit au chocolat et d'un mi-cuit au chocolat était sensiblement la même, et je me suis demandé si on pouvait fusionner ces deux recettes pour en créer une révolutionnaire, rien de moins.*

*Tout le monde était sceptique, moi la première, mais quand on a fait le test et qu'on a réalisé que c'était un pur succès, c'était la folie dans la cuisine!*



INGRÉDIENTS

*¼ recette de pâte à biscuits aux pépites de chocolat (voir recette à la page 129)*

*100 g de chocolat noir, haché*

*½ tasse de beurre*

*3 c. à soupe de sucre*

*2 œufs*

*1 c. à soupe de farine tout usage*

COUP DE CŒUR

ÉTAPES

01 Beurrer généreusement un moule de 6 muffins, puis le placer au réfrigérateur pendant 15 minutes afin que le beurre soit froid.

02 Foncer chaque compartiment du moule avec 2 c. à soupe de pâte à biscuits afin de former la croûte des tartelettes, puis réserver au réfrigérateur pendant 30 minutes.

03 Préchauffer le four à 375 °F et placer la grille au centre.

04 Au bain-marie, faire fondre le chocolat et le beurre. Ajouter le sucre, bien mélanger, puis laisser tiédir pendant 2 minutes.

05 Incorporer les œufs et la farine, puis fouetter afin que la texture soit lisse et brillante.

06 Verser le mélange dans les croûtes de pâte à biscuits et cuire au four pendant 12 minutes.

07 Laisser tiédir pendant un minimum de 15 minutes avant de démouler.

NIVEAU

*Facile*

| PORTIONS | PRÉPARATION | CUISSON | REPOS |
|---|---|---|---|
| *6 à 8* | *20 min* | *30 min* | *2 h* |

CONGÉLATION

*Se congèle.*

CONSERVATION

*Se conserve 3 jours au réfrigérateur.*

CATÉGORIES

*Pour recevoir • Léger • Sans noix*

# TARTE AU CHOCOLAT BLANC, À LA CARDAMOME & AUX FRUITS DE LA PASSION

*Pour choisir un fruit de la passion, chers amis, il faut aller vers le plus ratatiné. Pour illustrer ça le plus clairement du monde, imaginez-vous que si tous les fruits de la passion dans le présentoir devant vous étaient des mannequins, vous devriez sélectionner le moins « photoshopé ». C'est presque inspirant. Ça donne le goût d'en manger plus souvent.*



INGRÉDIENTS

*1 abaisse (425 g) de pâte à tarte (voir recette à la page 184)*

*1 ¼ tasse de crème 35 %*

*350 g de chocolat blanc, haché*

*1 ½ c. à thé de cardamome moulue*

*1 tasse (250 g) de fromage mascarpone*

*4 à 6 fruits de la passion (⅓ tasse de pulpe)*

ÉTAPES

01 Préchauffer le four à 350 °F et placer la grille au centre. Découper un cercle de 12 po de diamètre de papier parchemin, puis réserver.

02 Sur un plan de travail fariné, abaisser la pâte et foncer un moule à tarte de 9 po. Couvrir la pâte avec le cercle de papier parchemin, puis remplir la tarte avec des billes de cuisson (voir note).

03 Cuire au four pendant 30 minutes. Laisser refroidir quelques minutes avant de retirer les billes de cuisson et le papier parchemin, puis réserver et laisser refroidir complètement.

04 Dans une casserole, à feu moyen, faire chauffer la crème jusqu'à ce qu'elle frémisse. Retirer du feu, ajouter le chocolat blanc et la cardamome, puis remuer jusqu'à ce que le chocolat soit fondu. Ajouter le mascarpone et fouetter afin d'obtenir une texture lisse. Réserver.

05 Verser le mélange sur le fond de tarte, puis placer au réfrigérateur pendant un minimum de 2 heures.

06 Au moment de servir, retirer la pulpe des fruits de la passion avec une cuillère. Placer dans un bol et remuer. Verser sur le dessus de la tarte, puis déguster.



NOTE

*Les billes de cuisson permettent de cuire une pâte à blanc, c'est-à-dire sans garniture. Ainsi, la pâte ne lève pas et elle cuit à la perfection. Vous pouvez remplacer les billes par des pois secs ou des légumineuses sèches.*

NIVEAU

*Petit projet*

| QUANTITÉ | PRÉPARATION | CUISSON | REPOS |
|---|---|---|---|
| *12 tartelettes* | *40 min* | *30 min* | *30 min* |

CONGÉLATION

*Se congèle.*

CONSERVATION

*Se conserve 2 jours à température ambiante ou 1 semaine au réfrigérateur.*

CATÉGORIES

*À offrir* ◆ *Pour recevoir* ◆ *Sans noix*

# TARTELETTES NEENISH

*La quantité de sucre de la recette est aussi intense que le nom de la recette est mignon. C'est originaire d'Australie, et on peut s'amuser de fois en fois en changeant la couleur. Pour obtenir la même couleur que sur la photo, il faut utiliser une goutte de colorant alimentaire jaune et une goutte de vert.*

INGRÉDIENTS

*1 abaisse (425 g) de pâte à tarte (voir recette à la page 184)*

POUR LA CRÈME NEENISH

*½ tasse de beurre, à température ambiante*

*1 ½ tasse de sucre en poudre*

*1 c. à thé d'extrait de vanille*

*½ c. à thé de rhum ou de boisson au choix (optionnel)*

*3 à 4 c. à soupe d'eau chaude*

POUR LE GLAÇAGE À LA VANILLE

*½ tasse de sucre en poudre*

*2 c. à thé d'eau*

*1 goutte d'extrait de vanille*

POUR LE GLAÇAGE COLORÉ

*½ tasse de sucre en poudre*

*2 c. à thé d'eau*

*Quelques gouttes de colorant alimentaire*

NOTE

*Vous pouvez remplacer les billes par des pois secs ou des légumineuses sèches.*

ÉTAPES

01 Beurrer 12 moules à tartelettes en aluminium (7,8 cm x 2,3 cm), puis découper 12 cercles de 10 cm de diamètre de papier parchemin. Réserver.

02 Sur un plan de travail fariné, abaisser la pâte, puis découper 12 cercles de 10 cm de diamètre à l'aide d'un emporte-pièce. Foncer chaque petit moule, puis placer au congélateur pendant 10 minutes afin que la pâte soit bien froide.

03 Déposer les moules sur une plaque à pâtisserie, puis couvrir la pâte des tartelettes avec les cercles de papier parchemin. Remplir avec des billes de cuisson (voir note), puis cuire au four pendant 30 minutes.

POUR LA CRÈME NEENISH

04 Au batteur électrique, fouetter le beurre, le sucre en poudre, l'extrait de vanille et le rhum de 4 à 5 minutes afin que le mélange soit blanc et que la texture soit légère et mousseuse.

05 Incorporer l'eau chaude 1 c. à soupe à la fois, puis fouetter jusqu'à l'obtention d'une texture onctueuse.

06 Remplir les tartelettes avec la crème et bien égaliser le dessus à l'aide d'une spatule. Réserver au réfrigérateur.

POUR LES GLAÇAGES

07 Dans un bol, mélanger tous les ingrédients « pour le glaçage à la vanille ». Dans un autre bol, mélanger tous les ingrédients « pour le glaçage coloré ». S'assurer d'obtenir des textures lisses, mais pas trop coulantes.

08 Garnir la moitié de chaque tartelette avec le glaçage à la vanille et l'autre moitié avec le glaçage coloré. Laisser reposer à température ambiante pendant 20 minutes afin que le glaçage soit sec, puis déguster.

NIVEAU

*Ultra-facile*

PORTIONS

*6 à 8*

PRÉPARATION

*20 min*

REPOS

*2 h*

CONGÉLATION

*Ne se congèle pas.*

CONSERVATION

*Se conserve de 2 à 3 jours au réfrigérateur.*

CATÉGORIES

*Pour recevoir ◆ Rapide ◆ Végétalien*
*Sans œufs ◆ Sans lactose ◆ Sans gluten*

# TARTE CRUE AU CHOCOLAT & AUX AMANDES

INGRÉDIENTS

POUR LA CROÛTE

*1 tasse d'amandes*

*½ tasse de noisettes*

*¼ tasse de noix de coco râpée*

*Une pincée de sel*

*2 tasses de dattes Medjool, dénoyautées*

*3 c. à soupe d'huile de coco*

*2 c. à soupe de poudre de cacao*

POUR LA CRÈME AU CHOCOLAT ET AUX AVOCATS

*La chair de 2 avocats bien mûrs*

*½ tasse de sirop d'érable*

*1 tasse de lait d'amande*

*1 c. à thé d'extrait de vanille*

*Une pincée de sel*

*1 ½ tasse de poudre de cacao*

ÉTAPES

01 Au robot culinaire, broyer légèrement les amandes, les noisettes, la noix de coco et le sel afin d'obtenir un mélange finement haché, mais pas poudreux, puis réserver dans un bol.

02 Au robot culinaire, broyer les dattes avec l'huile de coco et la poudre de cacao. Verser sur le mélange de noix, puis remuer.

03 Presser le mélange au fond d'une assiette à tarte afin de former une croûte compacte, puis réserver au réfrigérateur.

04 Au robot culinaire, broyer tous les ingrédients « pour la crème au chocolat et aux avocats » jusqu'à l'obtention d'une texture lisse.

05 Verser la crème sur la croûte, puis placer au réfrigérateur pendant un minimum de 2 heures. Servir la tarte telle quelle ou garnie de petits fruits au choix.

NIVEAU

*Facile*

PORTIONS

*6 à 8*

PRÉPARATION

*20 min*

CUISSON

*35 min*

REPOS

*5 min*

CONGÉLATION

*Se congèle.*

# TARTE TATIN DE NOÉMIE

CONSERVATION

*Se conserve 3 jours à température ambiante.*

CATÉGORIES

*Pour recevoir* ◆ *Économique* ◆ *Sans noix*

INGRÉDIENTS

*⅓ tasse de beurre*

*½ tasse de sucre*

*Les graines de ½ gousse de vanille*

*6 à 8 pommes sans le cœur, pelées et coupées en 4*

*1 abaisse (425 g) de pâte à tarte (voir recette à la page 184)*

ÉTAPES

01 Préchauffer le four à 425 °F et placer la grille au centre.

02 Dans une poêle de 9 po allant au four, à feu moyen, faire fondre le beurre, puis ajouter le sucre et les graines de vanille. Laisser caraméliser de 2 à 3 minutes, ou jusqu'à l'obtention d'une coloration légèrement brune.

03 Ajouter les pommes en les plaçant côte à côte (bien les serrer pour ne laisser aucun espace vide, quitte à les faire se chevaucher), puis cuire pendant 5 minutes à feu doux.

04 Poser la pâte à tarte sur le dessus des pommes, puis replier les bords vers le fond entre les pommes et le rebord de la poêle. Faire un petit trou au milieu de la pâte.

05 Cuire au four pendant 25 minutes, ou jusqu'à ce que la pâte soit dorée, puis laisser refroidir 5 minutes.

06 Démouler la tarte en pressant une assiette de service contre la poêle et en les retournant, puis déguster avec une boule de crème glacée à la vanille.

CHAPITRE

# LES GÂTEAUX

08

# LE GÂTEAU D'ANNIVERSAIRE PARFAIT

RECETTE À LA PAGE 212

NIVEAU

*Facile*

| PORTIONS | PRÉPARATION | CUISSON | REPOS |
|---|---|---|---|
| *12 à 16* | *40 min* | *40 min* | *30 min* |

CONGÉLATION

*Se congèle.*

CONSERVATION

*Se conserve de 2 à 3 jours au réfrigérateur.*

CATÉGORIES

*Pour recevoir* ◆ *Sans noix*

# LE GÂTEAU D'ANNIVERSAIRE PARFAIT

*Laissez-moi vous expliquer pourquoi ce gâteau est parfait. La recette a été créée pour faire deux gâteaux en un. Un gros pour tous les invités et un petit de format individuel pour la personne fêtée. C'est une idée qui m'est venue en tête lorsque ma fille a eu 1 an parce que je n'avais pas envie de préparer deux recettes différentes. Je voulais un glaçage pas trop sucré pour que Jeanne puisse se régaler au maximum. Ça me rassurait pour ma cocotte et c'est si bon que j'adopte la formule pour toutes les occasions maintenant.*

PHOTOS AUX PAGES 208 ET 210

INGRÉDIENTS

POUR LE GLAÇAGE

*2 paquets (250 g chacun) de fromage à la crème, ramolli*

*½ tasse de compote de pommes*

*1 c. à soupe de sirop d'érable (ou de miel)*

POUR LE GÂTEAU

*3 ½ tasses de farine tout usage*

*1 tasse de poudre de cacao*

*2 c. à soupe de poudre à pâte*

*1 c. à thé de bicarbonate de soude*

*½ c. à thé de sel*

*1 tasse d'huile végétale*

*2 tasses de sucre de coco*

*2 œufs*

*1 tasse de compote de pommes*

*2 ½ tasses de lait ordinaire ou végétal, au choix*

ÉTAPES

01 Préchauffer le four à 350 °F et placer la grille au centre. Beurrer 1 moule à gâteau de 4 po et 2 moules de 9 po, puis réserver.

02 Dans un bol, fouetter tous les ingrédients « pour le glaçage » afin d'obtenir une texture lisse et homogène, puis réserver au réfrigérateur afin qu'il se raffermisse.

03 Dans un bol, combiner la farine, la poudre de cacao, la poudre à pâte, le bicarbonate de soude et le sel, puis réserver.

04 Dans un autre bol, fouetter l'huile végétale, le sucre de coco, les œufs et la compote de pommes. Incorporer les ingrédients secs en alternant avec le lait, puis bien mélanger.

05 Verser 1 tasse de mélange dans le moule de 4 po, puis diviser le reste dans les 2 moules de 9 po.

06 Cuire au four pendant 30 minutes pour le petit moule et 40 minutes pour les grands, ou jusqu'à ce qu'un cure-dent inséré au centre en ressorte propre, puis laisser refroidir complètement avant de démouler.

07 À l'aide d'un couteau dentelé, couper légèrement le dessus des gâteaux afin qu'ils soient bien droits. Étendre le glaçage entre les 2 étages et sur le dessus du gros gâteau, puis utiliser le reste du glaçage pour le petit gâteau.

08 Pour créer l'effet « naked cake », étaler légèrement le glaçage autour du gâteau, puis en retirer une partie avec une spatule.

09 Décorer avec des fleurs, du feuillage ou des fruits.

| NIVEAU | PORTIONS | PRÉPARATION | CUISSON | REPOS |
|---|---|---|---|---|
| *Facile* | *8 à 10* | *15 min* | *1 h 5 min* | *15 min* |

CONGÉLATION

*Se congèle.*

CONSERVATION

*Se conserve de 4 à 5 jours au réfrigérateur.*

CATÉGORIES

*Pour recevoir ◆ Sans gluten*

INGRÉDIENTS

POUR LE GÂTEAU

*10 abricots bien mûrs, dénoyautés et coupés en 4*

*1 c. à soupe de gingembre frais, haché finement*

*6 œufs*

*¾ tasse de sucre*

*¼ tasse de pâte d'amande, coupée en petits dés*

*1 ½ tasse de poudre d'amandes*

*1 ½ c. à thé de poudre à pâte*

*Une pincée de sel*

*Sucre en poudre, pour décorer*

POUR LA GARNITURE AUX AMANDES

*¼ tasse de beurre salé*

*1 c. à soupe de crème 35 %*

*¼ tasse de cassonade*

*1 tasse d'amandes tranchées*

NOTE

*S'il vous reste de la purée d'abricots, vous pouvez la déguster avec votre yogourt le lendemain matin. Un délice !*

COUP DE CŒUR

# GÂTEAU ITALIEN AUX ABRICOTS

*Ce gâteau fait probablement partie de mes préférés à vie parce qu'il n'a l'air de rien, mais il est tellement goûteux et moelleux que ça me surprend chaque fois. La première bouchée est toujours comme une grosse surprise et le début d'un combat contre moi-même pour résister à l'envie de manger tout le gâteau. Ha ! Ha !*

ÉTAPES

01 Préchauffer le four à 350 °F et placer la grille au centre. Beurrer un moule à charnière de 9 po, puis réserver.

02 Déposer les abricots dans une petite casserole avec le gingembre, couvrir d'eau, puis cuire pendant 5 minutes à feu moyen. Égoutter, réduire en purée à l'aide d'un pied-mélangeur, puis réserver.

03 Au batteur électrique, fouetter les œufs, le sucre et la pâte d'amande de 2 à 3 minutes, ou jusqu'à ce que le mélange soit jaune pâle. Incorporer la poudre d'amandes, la poudre à pâte, le sel et 1 ¼ tasse de la purée d'abricots.

04 Verser dans le moule et cuire au four pendant 45 minutes. Sortir du four et réserver sans éteindre le four.

05 Au four à micro-ondes, faire fondre le beurre avec la crème et la cassonade. Ajouter les amandes tranchées, bien mélanger, puis verser sur le gâteau.

06 Remettre le gâteau au four pendant 15 minutes.

07 Laisser refroidir complètement avant de démouler, puis décorer de sucre en poudre.

COUP DE CŒUR

NIVEAU

*Facile*

| PORTIONS | PRÉPARATION | CUISSON | REPOS |
|---|---|---|---|
| *10 à 12* | *25 min* | *30 à 35 min* | *45 min* |

CONGÉLATION

*Ne se congèle pas.*

CONSERVATION

*Se conserve 1 jour au réfrigérateur.*

CATÉGORIES

*Pour recevoir* ◆ *Léger* ◆ *Sans noix*

# SHORTCAKE AUX FRAISES CLASSIQUE

*Une recette classique que j'ai servie lors du mariage de mon amie (qui a eu lieu chez moi l'été dernier) et que tout le monde aime tellement c'est simple.*

*Lorsque je réserve les fraises toute la nuit, j'obtiens une bonne quantité de jus que j'aime utiliser pour imbiber un peu les gâteaux avant de faire le montage du shortcake.*

INGRÉDIENTS

POUR LES FRAISES

*4 tasses de fraises fraîches, équeutées et coupées en 2 + pour décorer*

*¼ tasse de sucre*

*Le zeste de 1 citron*

POUR LES GÂTEAUX

*½ tasse de farine tout usage*

*¼ tasse de fécule de maïs*

*4 œufs*

*⅔ tasse de sucre*

*Une pincée de sel*

POUR LA CRÈME CHANTILLY

*1 ½ tasse de crème à fouetter 35 %*

*2 c. à soupe de sucre en poudre*

*2 c. à thé d'extrait de vanille*

NOTE

*Pour un gâteau plus petit (comme sur la photo), diviser la recette en deux et utiliser des moules de 6 po. Le temps de cuisson sera alors de 25 minutes.*

ÉTAPES

01 Dans un bol, combiner les fraises, le sucre et le zeste de citron. Réserver au réfrigérateur pendant un minimum de 30 minutes ou toute une nuit.

02 Préchauffer le four à 350 °F et placer la grille au centre. Beurrer et fariner 2 moules ronds de 9 po de diamètre, puis réserver.

03 Dans un autre bol, mélanger la farine et la fécule de maïs, puis réserver.

04 Au batteur électrique, fouetter les œufs, le sucre et le sel pendant 10 minutes à vitesse élevée, ou jusqu'à l'obtention d'un mélange pâle, léger et mousseux. Incorporer délicatement et en 3 fois le mélange de farine et de fécule de maïs.

05 Répartir dans les 2 moules et cuire au four de 30 à 35 minutes, ou jusqu'à ce qu'un cure-dent inséré au centre en ressorte propre. Laisser refroidir complètement avant de démouler.

06 Au batteur électrique, fouetter tous les ingrédients « pour la crème chantilly » jusqu'à l'obtention de pics fermes.

07 Déposer le premier gâteau dans une assiette et le garnir avec la moitié de la crème chantilly et la moitié des fraises. Déposer le deuxième gâteau sur le dessus et le garnir avec le reste de crème chantilly et de fraises. Décorer avec quelques fraises fraîches.

NIVEAU

*Facile*

| PORTIONS | PRÉPARATION | CUISSON | REPOS |
| --- | --- | --- | --- |
| *8 à 10* | *20 min* | *38 min* | *5 min* |

CONGÉLATION

*Se congèle.*

CONSERVATION

*Se conserve 3 jours à température ambiante ou 1 semaine au réfrigérateur.*

CATÉGORIES

*Pour recevoir*

# GÂTEAU BUNDT AUX RAISINS ROUGES, AU MIEL & AUX AMANDES



INGRÉDIENTS

POUR LE MÉLANGE DE RAISINS

*2 c. à soupe de miel*

*2 tasses de raisins rouges*

INGRÉDIENTS SECS

*2 tasses de farine tout usage*

*¼ tasse de poudre d'amandes*

*1 c. à thé de poudre à pâte*

*Une pincée de sel*

INGRÉDIENTS HUMIDES

*¾ tasse de beurre, à température ambiante*

*½ tasse de sucre*

*3 œufs*

*½ tasse de miel*

*¼ tasse de lait d'amande*

*2 c. à thé d'extrait d'amande*

ÉTAPES

01 Préchauffer le four à 350 °F et placer la grille au centre. Beurrer un moule à gâteau de type Bundt de 9 po, puis réserver.

02 Dans une poêle, à feu vif, faire chauffer le miel, puis cuire les raisins de 2 à 3 minutes afin qu'ils ramollissent légèrement. Retirer du feu, puis réserver.

03 Dans un bol, combiner tous les ingrédients secs, puis réserver.

04 Au batteur sur socle, battre le beurre et le sucre de 2 à 3 minutes afin d'obtenir une texture légère et onctueuse. Ajouter les œufs, un à la fois, puis bien mélanger.

05 Incorporer le reste des ingrédients humides en alternant avec les ingrédients secs, puis ajouter le mélange de raisins. Remuer légèrement, puis verser dans le moule.

06 Cuire au four pendant 35 minutes, puis laisser refroidir 5 minutes avant de démouler.

07 Garnir avec un filet de miel pour servir.

NIVEAU

*Petit projet*

PORTIONS

*8 à 10*

PRÉPARATION

*25 min*

CUISSON

*6 min*

REPOS

*minimum de 3 heures*

CONGÉLATION

*Se congèle.*

CONSERVATION

*Se conserve 3 jours au réfrigérateur.*

CATÉGORIES

*Pour recevoir ◆ Sans œufs ◆ Sans gluten*

INGRÉDIENTS

POUR LA BASE

*¼ tasse de sucre*

*1 c. à soupe de beurre*

*1 tasse de noisettes*

*Une pincée de sel*

*100 g de chocolat au lait, haché*

POUR LA MOUSSE

*300 g de chocolat noir, haché*

*½ tasse de lait*

*1 ½ tasse de crème à fouetter 35 %*

*Poudre de cacao (optionnel)*

NOTE

*Pour vous aider à bien étaler la base du gâteau, mouillez le bout de vos doigts dans l'eau froide.*

# GÂTEAU À LA MOUSSE AU CHOCOLAT & CROÛTE DE NOISETTES PRALINÉES

ÉTAPES

01 Tapisser un moule rond à charnière de 9 po de papier parchemin, puis réserver.

POUR LA BASE

02 Dans une poêle, à feu moyen, faire fondre le sucre, puis cuire de 3 à 4 minutes, ou jusqu'à l'obtention d'un caramel pâle. Ajouter le beurre, les noisettes et le sel, puis remuer pendant 1 minute. Verser sur un papier parchemin et laisser refroidir complètement.

03 Au bain-marie ou au four à micro-ondes, faire fondre le chocolat au lait.

04 Au robot culinaire, broyer les noisettes avec le chocolat jusqu'à l'obtention d'une texture granuleuse. Transférer dans le moule, puis presser avec les doigts. Réserver au réfrigérateur.

POUR LA MOUSSE

05 Au bain-marie ou au four à micro-ondes, faire fondre le chocolat noir, puis réserver.

06 Dans une petite casserole, porter le lait à ébullition, puis verser sur le chocolat. Fouetter jusqu'à ce que le mélange soit lisse et brillant, puis laisser tiédir pendant 10 minutes.

07 Dans un bol, fouetter la crème jusqu'à l'obtention de pics mous. Incorporer délicatement la crème fouettée au mélange de chocolat afin que la texture reste mousseuse.

08 Verser dans le moule, puis placer au réfrigérateur pendant un minimum de 3 heures ou toute la nuit. Décorer avec la poudre de cacao.

NIVEAU

*Facile*

| PORTIONS | PRÉPARATION | CUISSON | REPOS |
|---|---|---|---|
| *8 à 10* | *15 min* | *50 à 55 min* | *20 min* |

CONGÉLATION

*Se congèle.*

CONSERVATION

*Se conserve 3 jours à température ambiante ou 1 semaine au réfrigérateur.*

CATÉGORIES

*À offrir ◆ Léger ◆ Sans noix*

# CAKE AU CITRON, À L'HUILE D'OLIVE & AU ROMARIN

INGRÉDIENTS

INGRÉDIENTS SECS

*1 ¼ tasse de farine tout usage*

*½ tasse de semoule de maïs*

*2 c. à thé de poudre à pâte*

*¼ c. à thé de bicarbonate de soude*

*Une pincée de sel*

INGRÉDIENTS HUMIDES

*⅔ tasse de sucre*

*Le zeste et le jus de 1 citron*

*1 c. à soupe de romarin frais, haché*

*3 œufs*

*½ tasse d'huile d'olive de qualité*

*½ tasse de yogourt grec nature*

*½ tasse de marmelade aux 4 agrumes*

ÉTAPES

01 Préchauffer le four à 350 °F et placer la grille au centre. Beurrer un moule à pain de 9 po x 5 po, puis réserver.

02 Dans un bol, mélanger tous les ingrédients secs, puis réserver.

03 Dans un autre bol, combiner tous les ingrédients humides, à l'exception de la marmelade, puis fouetter afin que la texture soit homogène.

04 Incorporer les ingrédients secs, puis mélanger afin d'obtenir une pâte, sans plus.

05 Verser la moitié du mélange dans le moule et bien l'étaler. Ajouter la marmelade, bien l'étaler aussi, puis couvrir avec le reste du mélange.

06 Cuire au four de 50 à 55 minutes, puis laisser refroidir 20 minutes avant de démouler.

NOTE

*Après avoir beurré le moule, vous pouvez le fariner avec de la semoule de maïs pour apporter un petit côté croustillant à l'extérieur et un aspect rustique.*

# GÂTEAU À LA CRÈME BOSTON & GARNITURE DE POP-CORN AU CARAMEL

RECETTE À LA PAGE 226

*Je capote sur les beignes à la crème Boston du Tim Hortons[MD] et ça m'a inspirée à en faire un gâteau complet. La recette a de quoi rendre Tim jaloux.*

COUP DE CŒUR

NIVEAU

*Petit projet*

| PORTIONS | PRÉPARATION | CUISSON | REPOS |
|---|---|---|---|
| *10 à 12* | *35 min* | *40 min* | *30 min* |

CONGÉLATION

*Ne se congèle pas.*

CONSERVATION

*Se conserve de 3 à 4 jours au réfrigérateur.*

CATÉGORIES

*Pour recevoir* ◆ *Sans noix*

PHOTO À LA PAGE 225

# GÂTEAU À LA CRÈME BOSTON & GARNITURE DE POP-CORN AU CARAMEL

INGRÉDIENTS

*Crème pâtissière (voir recette à la page 227)*

*1 tasse de pop-corn au caramel*

INGRÉDIENTS SECS

*1 ½ tasse de farine tout usage*

*1 ½ c. à thé de poudre à pâte*

*½ c. à thé de sel*

INGRÉDIENTS HUMIDES

*4 œufs*

*1 tasse de sucre*

*¼ tasse de beurre*

*½ tasse de lait*

*1 c. à thé d'extrait de vanille*

POUR LE GLAÇAGE AU CHOCOLAT

*⅓ tasse de crème 35 %*

*1 c. à soupe de beurre*

*1 c. à soupe de miel*

*1 c. à thé d'extrait de vanille*

*100 g de chocolat noir, haché*

ÉTAPES

POUR LE GÂTEAU

01 Préchauffer le four à 325 °F et placer la grille au centre. Beurrer un moule à gâteau de 9 po et tapisser le fond de papier parchemin, puis réserver.

02 Dans un bol, combiner tous les ingrédients secs, puis réserver.

03 Au batteur sur socle, fouetter les œufs et le sucre de 3 à 4 minutes afin d'obtenir un mélange léger et mousseux. Réserver.

04 Dans une petite casserole, à feu moyen, faire fondre le beurre. Ajouter le lait et l'extrait de vanille, puis laisser chauffer afin que le mélange soit tiède, sans plus. Verser en filet sur le mélange d'œufs, puis remuer.

05 Incorporer les ingrédients secs, bien mélanger, puis verser dans le moule.

06 Cuire au four de 30 à 35 minutes, ou jusqu'à ce qu'un cure-dent inséré au centre en ressorte propre, puis laisser refroidir complètement.

POUR LE GLAÇAGE

07 Dans une petite casserole, combiner la crème, le beurre, le miel et l'extrait de vanille, puis porter à ébullition.

08 Verser sur le chocolat, puis remuer jusqu'à l'obtention d'une texture lisse et brillante. Réserver.

POUR L'ASSEMBLAGE

09 À l'aide d'un couteau dentelé, couper le gâteau en 2 dans le sens de l'épaisseur.

10 Garnir une moitié de gâteau avec la crème pâtissière, déposer l'autre moitié du gâteau sur la crème pâtissière, puis verser le glaçage sur le dessus.

11 Décorer avec du pop-corn au caramel, puis réserver au réfrigérateur jusqu'au moment de servir.

NIVEAU

*Facile*

QUANTITÉ

*environ 1 ½ tasse*

PRÉPARATION

*5 min*

CUISSON

*4 à 5 min*

REPOS

*30 min*

# CRÈME PÂTISSIÈRE

CONGÉLATION

*Se congèle (fouetter pour retrouver la texture initiale).*

CONSERVATION

*Se conserve 2 jours au réfrigérateur.*

CATÉGORIES

*Économique ◆ Rapide*
*Sans noix ◆ Sans gluten*

INGRÉDIENTS

*2 œufs*

*2 c. à soupe de fécule de maïs*

*1 c. à thé d'extrait de vanille*

*1 ½ tasse de lait*

*½ tasse de sucre*

*2 c. à soupe de beurre*

ÉTAPES

01 Dans un bol, fouetter les œufs, la fécule de maïs et l'extrait de vanille afin d'obtenir une texture homogène, puis réserver.

02 Dans une petite casserole, à feu moyen, faire chauffer le lait et le sucre de 1 à 2 minutes afin que le sucre soit complètement dissous. Verser sur le mélange d'œufs graduellement tout en fouettant.

03 Remettre le tout dans la casserole, porter à ébullition, puis cuire pendant 30 secondes en fouettant constamment. Retirer du feu et incorporer le beurre.

04 Verser la crème sur une plaque propre afin de l'étendre en une fine couche, puis couvrir d'une pellicule plastique. Placer au réfrigérateur pendant un minimum de 30 minutes, ou jusqu'à ce qu'elle soit bien froide.

05 Au moment de l'utiliser, fouetter la crème jusqu'à ce qu'elle soit lisse.

NOTE

*À l'étape 4, on demande de verser la crème sur une plaque. C'est tout simplement pour qu'elle refroidisse plus rapidement. On pourrait également la verser dans un grand plat. Aussi, il est important de placer la pellicule plastique directement sur la crème afin d'éviter qu'une croûte se forme pendant le temps de refroidissement.*

NIVEAU

*Facile*

PORTIONS

*10 à 12*

PRÉPARATION

*20 min*

CUISSON

*46 min*

REPOS

*1 h 15 min*

CONGÉLATION

*Se congèle.*

CONSERVATION

*Se conserve 1 jour dans un contenant hermétique à température ambiante ou 3 jours au réfrigérateur.*

CATÉGORIES

*Pour recevoir ◆ Sans noix*

# GÂTEAU AU CHOCOLAT & GLAÇAGE AU CHOCOLAT AU LAIT (MUD CAKE)

*J'aimerais vraiment être en mesure de vous donner une explication poussée, voire scientifique, quant à la raison pour laquelle ce gâteau s'appelle un Mud Cake, mais c'est seulement parce que la texture est riche et dense comme de la boue. Une délicieuse boue quand même !*

*Ça a été un coup de cœur pour tout le monde à qui j'ai fait goûter la recette, et c'est une valeur sûre pour les amoureux de chocolat.*

INGRÉDIENTS

INGRÉDIENTS SECS

*1 ½ tasse de farine tout usage*

*¾ c. à thé de bicarbonate de soude*

*Une pincée de sel*

INGRÉDIENTS HUMIDES

*1 ½ tasse de café liquide infusé, chaud (ou ½ tasse de café expresso + 1 tasse d'eau chaude)*

*1 tasse de sucre*

*½ c. à thé d'extrait de vanille*

*150 g de chocolat noir, haché*

*¾ tasse de beurre, coupé en dés*

*2 œufs*

POUR LE GLAÇAGE

*¼ tasse de crème 35 %*

*100 g de chocolat au lait, haché*

ÉTAPES

01 Préchauffer le four à 325 °F et placer la grille au centre. Beurrer un moule rond de 9 po et tapisser le fond de papier parchemin, puis réserver.

02 Dans un bol, combiner tous les ingrédients secs, puis réserver.

03 Dans un autre bol, fouetter le café avec le sucre et l'extrait de vanille afin que le sucre soit complètement dissous, puis réserver.

04 Au bain-marie, faire fondre le chocolat avec le beurre. Ajouter le mélange de café et fouetter pour que le tout soit homogène.

05 Incorporer aux ingrédients secs en versant ⅓ du mélange à la fois. Fouetter entre chaque ajout afin que la texture soit lisse. Ajouter les œufs, fouetter, puis verser le tout dans le moule.

06 Cuire au four pendant 45 minutes, ou jusqu'à ce qu'un cure-dent inséré au centre en ressorte propre, puis laisser refroidir pendant 15 minutes. Démouler et laisser refroidir complètement sur une grille.

07 Dans une petite casserole, porter la crème à ébullition, puis verser sur le chocolat. Bien mélanger afin que la texture soit lisse et brillante, puis verser sur le gâteau. Laisser égoutter le glaçage, puis transférer le gâteau dans une assiette.

08 Couper en pointes pour servir.

NOTE

*Si vous n'aimez pas le café, vous pouvez le remplacer par du lait chaud tout simplement.*

| NIVEAU | PORTIONS | PRÉPARATION | CUISSON | REPOS |
|---|---|---|---|---|
| *Facile* | *6 à 8* | *25 min* | *1 h 25 min* | *5 h* |

CONGÉLATION

*Se congèle (congeler le gâteau, puis l'emballer d'une pellicule plastique).*

CONSERVATION

*Se conserve de 3 à 4 jours au réfrigérateur.*

CATÉGORIES

*Pour recevoir ◆ Léger*

# GÂTEAU AU FROMAGE & AUX PISTACHES

*Je dois l'avouer, je suis plutôt impulsive culinairement parlant. J'ai du mal à planifier mes repas plusieurs jours à l'avance parce que je fonctionne beaucoup selon ce que mon estomac me dicte au jour le jour. C'est pour cette raison que tous les plats qui exigent une longue attente entre le moment de les préparer et le moment de les manger ne font pas partie des recettes que je cuisine souvent.*

*Pour que je décide de faire un gâteau au fromage, il faut qu'il y ait une occasion spéciale ou que quelqu'un me le demande. Mais toutes les fois, je meurs de plaisir à chaque bouchée et je comprends pourquoi les minutes d'attente en valent la peine, au fond.*

INGRÉDIENTS

*2 paquets (250 g chacun) de fromage à la crème, à température ambiante*

*½ tasse de crème à fouetter 35 %*

*¼ tasse de yogourt grec nature (ou à la vanille)*

*¼ tasse de sucre*

*1 c. à thé d'extrait de vanille*

*2 œufs*

*¼ tasse de pistaches, hachées finement*

POUR LA CROÛTE

*½ tasse de chapelure de biscuits Graham*

*¼ tasse de pistaches, hachées*

*2 c. à soupe de sucre*

*2 c. à soupe de beurre, fondu*

ÉTAPES

01 Préchauffer le four à 350 °F et placer la grille au centre. Envelopper le fond d'un moule rond à charnière de 6 po de diamètre (3 po de hauteur) de 2 couches de papier d'aluminium (voir note), puis réserver.

02 Dans un bol, mélanger tous les ingrédients « pour la croûte » afin d'obtenir une texture granuleuse. Verser le tout dans le moule et presser fermement avec les mains pour former la croûte. Cuire au four pendant 10 minutes, puis réserver.

03 Réduire la température du four à 300 °F.

04 Au robot-mélangeur, broyer le fromage à la crème, la crème, le yogourt, le sucre et l'extrait de vanille jusqu'à l'obtention d'une texture lisse et homogène. Incorporer les œufs sans trop mélanger, puis verser dans le moule.

05 Placer le moule dans un plat à cuisson ou une poêle allant au four, puis verser 1 cm d'eau chaude (important) dans le fond du plat.

06 Cuire au four pendant 1 heure et 15 minutes, ou jusqu'à ce que le centre soit pris, mais encore légèrement tremblotant. Laisser tiédir 1 heure à température ambiante, puis réfrigérer pendant un minimum de 4 heures.

07 Démouler le gâteau et décorer le contour en pressant les pistaches hachées avec les mains.

NOTE

*La cuisson au bain-marie est une méthode toute simple qui change considérablement la texture du gâteau. Il ne faut pas se sentir intimidé par cette technique, car si le moule est bien emballé au départ, il n'y a aucun risque.*

| NIVEAU | PORTIONS | PRÉPARATION | CUISSON | REPOS |
|---|---|---|---|---|
| *Facile* | *10 à 12* | *30 min* | *30 min* | *20 min* |

CONGÉLATION

*Se congèle.*

CONSERVATION

*Se conserve de 2 à 3 jours sous une cloche à température ambiante ou 1 semaine dans un contenant hermétique au réfrigérateur.*

CATÉGORIES

*Pour recevoir* ◆ *Sans noix*

# GÂTEAU AU CAFÉ LATTÉ, AU CHOCOLAT & AU BEURRE DE SÉSAME

INGRÉDIENTS

POUR LE GÂTEAU

*¾ tasse de beurre, à température ambiante*

*1 ½ tasse de sucre*

*4 œufs*

*1 c. à thé d'extrait de vanille*

*2 tasses de farine tout usage*

*2 c. à thé de poudre à pâte*

*Une pincée de sel*

*1 tasse de lait*

*3 c. à soupe de café instantané, dissous dans 1 c. à soupe d'eau chaude*

POUR LE GLAÇAGE

*1 tasse de beurre, à température ambiante*

*¾ tasse de beurre de sésame (tahini)*

*1 tasse de sucre en poudre*

*¾ tasse de poudre de cacao*

*2 c. à soupe de lait*

*Une pincée de sel*

ÉTAPES

01 Préchauffer le four à 350 °F et placer la grille au centre. Beurrer 2 moules à gâteaux de 9 po, puis réserver.

02 Au batteur sur socle, battre le beurre et le sucre pendant 5 minutes, ou jusqu'à l'obtention d'une texture légère et mousseuse. Ajouter les œufs et l'extrait de vanille, puis continuer à battre pendant 2 minutes. Réserver.

03 Dans un bol, mélanger la farine, la poudre à pâte et le sel, puis incorporer aux ingrédients humides en alternant avec le lait afin d'obtenir une texture homogène.

04 Diviser la préparation en 2 et ajouter le café dans l'une d'elles. Bien mélanger, puis verser chaque préparation dans un moule.

05 Cuire au four pendant 30 minutes, ou jusqu'à ce qu'un cure-dent inséré au centre en ressorte propre, puis laisser refroidir complètement avant de démouler.

06 Au batteur sur socle, battre le beurre et le beurre de sésame jusqu'à l'obtention d'une texture légère et crémeuse. Ajouter le reste des ingrédients « pour le glaçage », puis continuer à battre pendant 1 minute.

07 Couvrir l'un des gâteaux de glaçage, placer le deuxième gâteau par-dessus, puis étendre le reste du glaçage sur le dessus et sur les côtés du gâteau afin de le couvrir entièrement.

NIVEAU

*Petit projet*

| PORTIONS | PRÉPARATION | CUISSON | REPOS |
| --- | --- | --- | --- |
| *8 à 10* | *25 min* | *1 h 15 min* | *1 h* |

CONGÉLATION

*La garniture se congèle.*

CONSERVATION

*À consommer le jour même.*

CATÉGORIES

*Pour recevoir ◆ Économique ◆ Léger*
*Sans noix ◆ Sans gluten*

# GÂTEAU PAVLOVA & GARNITURE AUX CERISES

INGRÉDIENTS

POUR LES MERINGUES

*2 tasses de sucre*

*2 c. à soupe de fécule de maïs*

*8 blancs d'œufs (ou 300 ml de blancs d'œufs du commerce)*

*2 c. à thé de vinaigre blanc*

POUR LA GARNITURE

*3 tasses de cerises fraîches ou surgelées, dénoyautées*

*¼ tasse de sucre*

*½ c. à thé de fécule de maïs, diluée dans le jus de ½ citron*

POUR LA CRÈME FOUETTÉE

*1 tasse de crème à fouetter 35 %*

*1 c. à soupe de sucre*

---

NOTE

*Il ne faut pas mettre les meringues au réfrigérateur, car elles deviendraient molles et collantes. On doit donc faire l'assemblage au moment de servir.*

ÉTAPES

01 Préchauffer le four à 250 °F et placer la grille au centre. Tapisser une plaque à pâtisserie de papier parchemin, puis dessiner 2 grands cercles à l'aide d'une assiette de 9 po. Tourner le papier afin que l'encre soit du côté de la plaque, mais que les cercles restent visibles, puis réserver.

02 Dans un bol, combiner le sucre et la fécule de maïs, puis réserver.

03 Au batteur sur socle, fouetter les blancs d'œufs et le vinaigre à vitesse élevée jusqu'à l'obtention de pics mous. À vitesse moyenne, incorporer en pluie le mélange de sucre, puis fouetter à vitesse élevée pendant 5 minutes afin d'obtenir des pics fermes.

04 Verser le tout à l'intérieur des 2 cercles dessinés sur le papier parchemin, puis étaler afin de remplir les cercles.

05 Cuire au four pendant 1 heure et 15 minutes. Éteindre le four, entrouvrir la porte, puis laisser refroidir complètement à l'intérieur du four.

06 Dans une poêle, à feu moyen, combiner tous les ingrédients « pour la garniture ». Porter à ébullition et cuire de 4 à 5 minutes. Laisser refroidir complètement.

07 Dans un bol, fouetter la crème et le sucre jusqu'à l'obtention d'une texture de crème fouettée, puis réserver au réfrigérateur.

08 Au moment de servir, garnir l'une des meringues avec la moitié de la crème fouettée et de la garniture aux cerises. Poser l'autre meringue sur le dessus, puis garnir avec le reste de la crème fouettée et de la garniture aux cerises. Couper pour servir.

# BÛCHE DE NOËL AU CHOCOLAT, À LA GUIMAUVE & AUX FRAMBOISES

RECETTE À LA PAGE 238

| NIVEAU | PORTIONS | PRÉPARATION | CUISSON | REPOS |
|---|---|---|---|---|
| *Petit projet* | *8 à 12* | *40 min* | *20 min* | *20 min* |

CONGÉLATION

*Se congèle.*

CONSERVATION

*Se conserve 3 jours au réfrigérateur.*

CATÉGORIES

*Pour recevoir* ◆ *Sans lactose* ◆ *Sans gluten*

# BÛCHE DE NOËL AU CHOCOLAT, À LA GUIMAUVE & AUX FRAMBOISES

PHOTO À LA PAGE 236

INGRÉDIENTS

POUR LES PISTACHES CARAMÉLISÉES

*½ tasse de pistaches non salées, écalées*

*2 c. à soupe de sirop d'érable*

*Une pincée de sel*

POUR LA GÉNOISE AU CHOCOLAT

*4 œufs*

*½ tasse de sucre*

*½ tasse de fécule de maïs*

*⅓ tasse de poudre d'amandes*

*⅓ tasse de poudre de cacao*

*½ c. à thé de poudre à pâte*

*Une pincée de sel*

POUR LA GARNITURE AUX GUIMAUVES ET AUX FRAMBOISES

*6 tasses (1 sac de 250 g) de guimauves miniatures*

*2 tasses de framboises fraîches*

POUR LA GANACHE AU CHOCOLAT

*¼ tasse de lait d'amande*

*100 g de chocolat noir, haché*

ÉTAPES

01 Dans une petite casserole, combiner les pistaches, le sirop d'érable et le sel. Porter à ébullition et cuire à feu vif pendant 1 minute. Commencer à remuer, puis poursuivre la cuisson pendant 30 secondes. Verser sur une feuille de papier parchemin et laisser refroidir complètement avant de hacher le tout grossièrement. Réserver.

02 Préchauffer le four à 400 °F et placer la grille au centre. Tapisser une plaque à pâtisserie de 11 po x 17 po de papier parchemin, puis réserver.

03 Au batteur sur socle, fouetter les œufs et le sucre pendant 5 minutes, ou jusqu'à ce que la texture soit légère et mousseuse.

04 Dans un bol, mélanger le reste des ingrédients « pour la génoise au chocolat », puis incorporer délicatement au mélange d'œufs à l'aide d'un fouet sans trop remuer afin que la texture reste mousseuse.

05 Verser le mélange sur la plaque, puis étaler uniformément sur toute la surface.

06 Cuire au four de 8 à 9 minutes. Retirer du four et passer un couteau sur le rebord de la plaque afin de décoller la génoise.

07 Sur un linge propre, retourner la plaque pour que la génoise soit en contact avec le linge, puis soulever la plaque et retirer délicatement le papier parchemin. Placer la génoise à la verticale devant soi.

08 Rouler la génoise sur elle-même avec le linge, puis laisser tiédir à température ambiante. Réserver.

09 Dans un grand chaudron, à feu moyen, faire fondre les guimauves pendant 8 minutes, ou jusqu'à ce qu'elles soient malléables. Ajouter 1 tasse de framboises, bien mélanger, puis poursuivre la cuisson pendant 2 minutes, ou jusqu'à ce que le tout soit fondu.

10 Dérouler délicatement la génoise, puis verser la garniture aux guimauves et aux framboises en l'étalant uniformément et en laissant un espace d'environ 3 po dans le haut de la génoise.

11 Garnir avec les pistaches caramélisées et 1 tasse de framboises (en réserver un peu pour décorer), puis rouler à nouveau délicatement en terminant par le côté de la génoise sans garniture. Transférer la bûche dans une assiette, puis réserver au réfrigérateur.

12 Dans une petite casserole, porter le lait d'amande à ébullition. Retirer du feu et incorporer le chocolat noir. Bien mélanger, verser sur la bûche, puis étaler délicatement afin que la ganache coule légèrement sur les côtés.

13 Décorer la bûche avec des pistaches caramélisées et des framboises fraîches, puis réfrigérer jusqu'au moment de servir.

CHAPITRE

# LES LÉGUMES & LÉGUMINEUSES CAMOUFLÉS

09

NIVEAU

*Facile*

| PORTIONS | PRÉPARATION | CUISSON | REPOS |
|---|---|---|---|
| *8 à 10* | *15 min* | *1 h* | *35 min* |

CONGÉLATION

*Se congèle.*

CONSERVATION

*Se conserve 3 jours dans un contenant hermétique à température ambiante ou 1 semaine au réfrigérateur.*

CATÉGORIES

*Pour recevoir ◆ Économique ◆ Sans noix Sans lactose ◆ Sans gluten*

# GÂTEAU MOCHI À LA CITROUILLE & AU SÉSAME NOIR

*Si un gâteau et un jujube faisaient un bébé, ça donnerait probablement un mochi. Le goût est quand même familier, mais c'est la texture qui est complètement inhabituelle. La première bouchée est surprenante, mais on s'habitue vite. Et les gens qui adorent les bonbons vont adopter cette recette, c'est sûr.*

## INGRÉDIENTS

### INGRÉDIENTS SECS

*2 tasses de farine de riz gluant (voir note)*

*½ tasse de cassonade*

*½ tasse de sucre*

*3 c. à soupe de graines de sésame noires*

*1 c. à thé de poudre à pâte*

*½ c. à thé de cannelle moulue*

*½ c. à thé de quatre-épices*

*Une pincée de sel*

### INGRÉDIENTS HUMIDES

*1 tasse de purée de citrouille ou de courge*

*¾ tasse de lait de coco*

*3 œufs*

*¼ tasse d'huile de coco, fondue*

*½ c. à thé d'extrait de vanille*

## ÉTAPES

01 Préchauffer le four à 350 °F et placer la grille au centre. Beurrer généreusement un moule rond de 8 po, puis réserver.

02 Dans un bol, combiner tous les ingrédients secs, puis réserver.

03 Dans un autre bol, fouetter tous les ingrédients humides afin d'obtenir une texture lisse.

04 Incorporer les ingrédients humides aux ingrédients secs, puis fouetter jusqu'à l'obtention d'une texture homogène. Verser la pâte dans le moule.

05 Cuire au four pendant 1 heure, ou jusqu'à ce qu'une légère croûte se forme sur le dessus du gâteau et qu'il rebondisse lorsqu'on le touche du bout des doigts.

06 Laisser refroidir pendant 10 minutes, démouler, puis transférer sur une grille. Laisser refroidir complètement, puis déguster.

---

NOTE

*La farine de riz gluant est indispensable pour réussir cette recette puisque c'est elle qui va donner la texture mochi. Elle se trouve principalement dans les épiceries asiatiques. Si on réfrigère le mochi, il est important de le laisser tiédir avant de le déguster sinon il sera plus dur que la texture idéale.*

NIVEAU

*Ultra-facile*

PORTIONS

4

PRÉPARATION

12 min

CUISSON

18 min

REPOS

10 min

CONGÉLATION

*Ne se congèle pas.*

CONSERVATION

*À consommer immédiatement.*

CATÉGORIES

*Pour recevoir ◆ Économique*
*Rapide ◆ Léger*

# PAINS NAANS AU FENOUIL & À L'ORANGE

INGRÉDIENTS

*2 grands pains naans nature*

*1 c. à soupe d'huile végétale*

*2 c. à soupe de sucre*

*¼ tasse de yogourt grec à la vanille*

*1 orange, pelée à vif et coupée en tranches*

*¼ tasse de noix de Grenoble*

*Quelques feuilles de menthe fraîche*

POUR LE FENOUIL CONFIT

*½ bulbe de fenouil, tranché en fines lanières*

*¼ tasse de sucre*

*Le zeste et le jus de 1 orange*

ÉTAPES

01 Dans une casserole, combiner tous les ingrédients « pour le fenouil confit », puis cuire à feu doux pendant 15 minutes. Égoutter, puis laisser refroidir au réfrigérateur pendant un minimum de 10 minutes.

02 Préchauffer le barbecue à feu moyen.

03 Badigeonner les pains avec l'huile végétale, puis saupoudrer 1 c. à soupe de sucre sur les 2 côtés. Griller les pains sur le barbecue pendant 1 minute de chaque côté.

04 Garnir les pains avec le yogourt, le fenouil, les tranches d'orange et les noix, puis décorer avec les feuilles de menthe fraîche.

NIVEAU

*Ultra-facile*

PORTIONS

*1 à 2*

PRÉPARATION

*5 min*

CONGÉLATION

*Ne se congèle pas.*

CONSERVATION

*À consommer le jour même.*

CATÉGORIES

*Économique ◆ Rapide ◆ Léger ◆ Végétalien*
*Sans œufs ◆ Sans noix ◆ Sans lactose*
*Sans gluten*

# FLOTTEUR AU CÉLERI & AU SORBET AUX FRAMBOISES

*Réinventer la manière de servir le sorbet ? Je peux cocher ça sur ma liste de choses à faire. Je trouvais cool le mariage des saveurs de la framboise et du céleri. En plus, chaque fois que j'achète ce légume, je reste avec des branches inutilisées avec lesquelles je ne sais pas quoi faire. C'est donc une belle façon d'éviter le gaspillage, dans mon cas, et je suis certaine que je ne suis pas la seule. De rien, gang !*





INGRÉDIENTS

*1 branche de céleri, émincée*
*½ tasse d'eau*
*Le jus de 1 citron*
*2 c. à soupe de sucre*
*Sorbet aux framboises, au goût*
*Quelques framboises fraîches*
*Quelques feuilles de céleri*
*1 tasse d'eau pétillante (ou plus, au goût)*

ÉTAPES

01 Au robot-mélangeur, combiner le céleri, l'eau, le jus de citron et le sucre. Broyer jusqu'à l'obtention d'un mélange homogène, puis réserver.

02 Dans un verre, étager des boules de sorbet, des framboises fraîches et des feuilles de céleri de manière aléatoire.

03 Verser la limonade au céleri jusqu'à la moitié du verre, puis terminer avec l'eau pétillante.

NOTE

*Cette recette nécessite l'utilisation d'un robot-mélangeur assez puissant.*

| NIVEAU | PORTIONS | PRÉPARATION | CUISSON | REPOS |
|---|---|---|---|---|
| *Facile* | *9 à 12* | *20 min* | *20 min* | *1 h* |

CONGÉLATION

*Se congèle sans le glaçage.*

CONSERVATION

*Se conserve 3 jours à température ambiante.*

CATÉGORIES

*Pour recevoir* ◆ *Économique* ◆ *Sans noix*

# GÂTEAU MOELLEUX AU CHOCOLAT & AUX BETTERAVES

INGRÉDIENTS

POUR LE FONDANT

*200 g de chocolat noir, haché grossièrement*

*3 c. à soupe de beurre*

*3 œufs*

*¼ tasse de sucre*

*1 tasse de purée de betteraves cuites (voir note)*

*½ tasse de compote de pommes*

*½ tasse de farine tout usage*

*1 c. à thé de poudre à pâte*

POUR LE GLAÇAGE BLANC

*100 g de chocolat blanc*

*¼ tasse de crème 35 %*

POUR LE GLAÇAGE ROSE

*100 g de chocolat blanc*

*2 c. à soupe de crème 35 %*

*2 c. à soupe de jus de betterave (ou quelques gouttes de colorant alimentaire rouge)*

ÉTAPES

01 Préchauffer le four à 400 °F et placer la grille au centre. Beurrer un moule carré de 8 po, puis réserver.

02 Au bain-marie, faire fondre le chocolat noir avec le beurre, puis réserver.

03 Dans un bol, battre les œufs avec le sucre. Ajouter la purée de betteraves, la compote de pommes, le chocolat fondu, la farine et la poudre à pâte. Bien mélanger, puis verser dans le moule.

04 Cuire au four pendant 20 minutes, puis laisser refroidir de 20 à 30 minutes.

05 Pendant ce temps, préparer les glaçages. Pour le blanc, faire fondre le chocolat blanc avec la crème au bain-marie. Pour le rose, faire fondre le chocolat blanc avec la crème au bain-marie, puis ajouter le jus de betterave.

06 Faire couler le glaçage blanc sur le dessus du gâteau, puis répéter pour le rose. Former des spirales avec un cure-dent, puis laisser figer pendant 30 minutes avant de servir

NOTE

*On trouve en épicerie, dans la section des légumes frais, des betteraves déjà cuites. Il ne reste qu'à les réduire en purée pour réaliser cette recette.*

COUP DE CŒUR

NIVEAU

*Facile*

QUANTITÉ

*12 cupcakes*

PRÉPARATION

*20 min*

CUISSON

*18 à 20 min*

CONGÉLATION

*Se congèle.*

CONSERVATION

*Se conserve 4 jours dans un contenant hermétique à température ambiante.*

CATÉGORIES

*Économique* ◆ *Sans gluten*

# CUPCAKES À LA COURGETTE, À L'ORANGE & AU CHOCOLAT BLANC

## INGRÉDIENTS

### INGRÉDIENTS HUMIDES

*1 tasse de courgette, râpée*

*2 œufs*

*Le zeste et le jus de 1 orange*

*2 c. à soupe d'huile végétale*

### INGRÉDIENTS SECS

*1 ½ tasse de poudre d'amandes*

*1 tasse de farine de riz*

*1 tasse de pépites de chocolat blanc*

*½ tasse de sucre*

*1 c. à thé de poudre à pâte*

*1 c. à thé de bicarbonate de soude*

*Une pincée de sel*

### POUR LE GLAÇAGE

*½ tasse de pépites de chocolat blanc*

*1 paquet (250 g) de fromage à la crème*

*Une pincée de sel*

## ÉTAPES

01 Préchauffer le four à 350 °F et placer la grille au centre. Chemiser un moule de 12 muffins de caissettes en papier, puis réserver.

02 Dans un bol, mélanger tous les ingrédients humides, puis réserver.

03 Dans un autre bol, combiner tous les ingrédients secs, puis incorporer aux ingrédients humides. Remuer afin d'obtenir un mélange homogène, puis répartir dans le moule à muffins.

04 Cuire au four de 18 à 20 minutes, puis laisser refroidir complètement.

05 Au bain-marie, faire fondre le chocolat blanc. Ajouter le fromage à la crème et le sel, puis mélanger jusqu'à ce que la texture soit homogène.

06 Placer le glaçage dans une poche à pâtisserie avec une douille au choix, puis décorer les cupcakes.

NIVEAU

*Facile*

PORTIONS

*8 à 10*

PRÉPARATION

*25 min*

CUISSON

*40 à 45 min*

REPOS

*15 min*

CONGÉLATION

*Se congèle.*

CONSERVATION

*Se conserve de 3 à 4 jours dans un contenant hermétique au réfrigérateur.*

CATÉGORIES

*Pour recevoir ◆ Économique*

# GÂTEAU AUX PANAIS & GARNITURE AUX PACANES

*J'achète souvent des panais pour faire changement des carottes (ma fille adore ça), et alors que ça traînait dans le bac à légumes, je me suis inspirée du gâteau aux carottes classique pour faire un gâteau similaire, mais aux panais.*

*Il est trop mignon, et le panais, qui goûte l'anis (mais pas trop), donne vraiment un caractère particulier au gâteau. Délicieux !*

## INGRÉDIENTS

### INGRÉDIENTS SECS

*1 tasse de farine tout usage*

*½ c. à thé de poudre à pâte*

*½ c. à thé de quatre-épices*

*¼ c. à thé de bicarbonate de soude*

*Une pincée de sel*

### INGRÉDIENTS HUMIDES

*2 œufs*

*½ tasse de sucre*

*½ tasse de compote de pommes non sucrée*

*¼ tasse d'huile végétale*

*¼ tasse de miel*

*1 c. à thé d'extrait de vanille*

*2 tasses de panais, pelés et râpés*

### POUR LE GLAÇAGE

*1 paquet (250 g) de fromage à la crème, à température ambiante*

*1 tasse de sucre en poudre*

### POUR LA GARNITURE

*½ tasse de pacanes en moitiés*

*1 c. à thé de miel*

*Le zeste de ½ orange*

*1 c. à soupe de gingembre confit, haché*

## ÉTAPES

01 Préchauffer le four à 350 °F et placer la grille au centre. Beurrer un moule à gâteau de 9 po de diamètre, puis réserver.

02 Dans un bol, combiner tous les ingrédients secs, puis réserver.

03 Dans un autre bol, fouetter les œufs et le sucre pendant 1 minute, puis incorporer le reste des ingrédients humides. Ajouter les ingrédients secs, bien mélanger, puis verser dans le moule.

04 Cuire au four de 40 à 45 minutes, ou jusqu'à ce qu'un cure-dent inséré au centre en ressorte propre, puis laisser refroidir avant de démouler.

05 Dans un bol, fouetter le fromage à la crème et le sucre en poudre afin d'obtenir une texture lisse et onctueuse, puis étaler sur le gâteau.

06 Dans un autre bol, mélanger tous les ingrédients « pour la garniture », puis en décorer le gâteau.

| NIVEAU | QUANTITÉ | PRÉPARATION | CUISSON | REPOS |
|---|---|---|---|---|
| *Ultra-facile* | *9 à 12 carrés* | *15 min* | *30 à 35 min* | *30 min* |

CONGÉLATION

*Se congèle.*

CONSERVATION

*Se conserve de 2 à 3 jours à température ambiante ou 1 semaine au réfrigérateur.*

CATÉGORIES

*Économique* ◆ *Sans œufs* ◆ *Sans noix*

# BLONDIE AU CHOCOLAT BLANC À BASE DE POIS CHICHES

*Un blondie, c'est un brownie, mais blond. C'est un peu comme le Cameron Diaz des Charlie's Angels. La recette est à base de pois chiches, la texture est moelleuse et ça fait jaser le monde. C'est vraiment à l'image des recettes que j'adore inventer.*



INGRÉDIENTS

- *1 boîte (540 ml) de pois chiches faibles en sel, rincés et égouttés*
- *½ tasse de flocons d'avoine à cuisson rapide*
- *½ tasse de miel (ou de sirop d'érable)*
- *¼ tasse de beurre, fondu*
- *2 c. à thé d'extrait de vanille*
- *1 c. à thé de poudre à pâte*
- *1 c. à thé de bicarbonate de soude*
- *Une pincée de sel*
- *100 g de chocolat blanc, haché grossièrement*



ÉTAPES

01 Préchauffer le four à 350 °F et placer la grille au centre. Tapisser un moule carré de 8 po de papier parchemin, puis réserver.

02 Au robot culinaire, broyer tous les ingrédients (en conservant la moitié du chocolat blanc de côté) jusqu'à l'obtention d'un mélange homogène.

03 Verser dans le moule, puis garnir avec le reste de chocolat blanc.

04 Cuire au four de 30 à 35 minutes, puis laisser refroidir complètement avant de démouler.

05 Couper en carrés, puis servir.

NIVEAU

*Facile*

QUANTITÉ

*15 à 16 beignets*

PRÉPARATION

*20 min*

CUISSON

*6 min*

CONGÉLATION

*Se congèle.*

CONSERVATION

*À consommer le jour même.*

CATÉGORIES

*Économique ◆ Rapide ◆ Léger*
*Sans noix ◆ Sans lactose*

# BEIGNETS AUX PÉPITES DE CHOCOLAT À BASE DE HARICOTS NOIRS & COULIS DE FRUITS

INGRÉDIENTS

*Huile végétale, pour la friture*

*Sucre en poudre, pour saupoudrer*

POUR LE COULIS

*1 tasse de petits fruits frais ou surgelés*

*2 c. à soupe de sucre en poudre*

POUR LES BEIGNETS

*1 boîte (540 ml) de haricots noirs faibles en sel, rincés et égouttés*

*2 œufs*

*¼ tasse de sucre*

*¼ tasse de farine tout usage*

*½ tasse de pépites de chocolat noir ou au lait*

*1 c. à thé de poudre à pâte*

*Une pincée de sel*

ÉTAPES

01 Au pied-mélangeur, broyer les ingrédients « pour le coulis » afin d'obtenir une texture lisse, puis réserver.

02 Au robot culinaire, broyer les haricots noirs et les œufs jusqu'à l'obtention d'une purée lisse. Ajouter le reste des ingrédients « pour les beignets » puis broyer à nouveau pendant 15 secondes afin que le mélange soit plus ou moins homogène.

03 Chauffer une friteuse à 350 °F ou faire chauffer 1 po d'huile végétale à 350 °F dans une grande casserole à feu moyen.

04 Avec une cuillère, verser 1 c. à soupe de pâte dans l'huile. Déposer ainsi quelques beignets dans l'huile et cuire pendant 2 minutes. Retourner les beignets, puis poursuivre la cuisson de 2 à 3 minutes. Retirer de l'huile et déposer sur un papier absorbant. Répéter jusqu'à ce qu'il ne reste plus de pâte.

05 Saupoudrer les beignets de sucre en poudre, puis servir avec le coulis de petits fruits.

| NIVEAU | QUANTITÉ | PRÉPARATION | CUISSON | REPOS |
|---|---|---|---|---|
| *Facile* | *10 muffins* | *20 min* | *35 min* | *5 min* |

# MUFFINS AUX BONBONS AUX PATATES

CONGÉLATION

*Se congèle.*

CONSERVATION

*Se conserve de 2 à 3 jours dans un contenant hermétique à température ambiante.*

CATÉGORIES

*Économique*

INGRÉDIENTS

POUR LA PURÉE DE POMMES DE TERRE

*1 pomme de terre à chair jaune de grosseur moyenne, pelée et coupée en cubes*

*¼ tasse de lait*

INGRÉDIENTS SECS

*1 ½ tasse de farine tout usage*

*1 ½ c. à thé de poudre à pâte*

*Une pincée de sel*

INGRÉDIENTS HUMIDES

*¾ tasse de sucre*

*¼ tasse de beurre, fondu*

*1 c. à thé d'extrait de vanille*

*3 œufs*

*3 c. à soupe de beurre d'arachide crémeux*

NOTE

*On peut utiliser un restant de purée pour faire ces muffins, pourvu qu'elle ne soit pas assaisonnée.*

ÉTAPES

01 Dans une petite casserole, couvrir les cubes de pomme de terre d'eau froide. Porter à ébullition et cuire pendant 15 minutes, ou jusqu'à ce qu'ils soient tendres. Égoutter, ajouter le lait, puis écraser à l'aide d'un pilon afin d'obtenir une texture lisse. Réserver dans un grand bol.

02 Préchauffer le four à 350 °F et placer la grille au centre. Beurrer ou chemiser un moule à muffins de caissettes en papier, puis réserver.

03 Dans un bol, combiner tous les ingrédients secs, puis réserver.

04 Dans un autre bol, fouetter le sucre, le beurre fondu et l'extrait de vanille. Ajouter les œufs, un à la fois, puis fouetter afin que le mélange soit homogène.

05 Verser sur la purée de pommes de terre et bien mélanger afin que la texture soit lisse. Incorporer les ingrédients secs, puis répartir le mélange dans le moule à muffins. Réserver.

06 Au four à micro-ondes, faire chauffer le beurre d'arachide pendant 20 secondes afin qu'il soit liquide. Verser en filet sur chaque muffin de manière à dessiner une spirale.

07 Cuire au four pendant 20 minutes.

NIVEAU

*Ultra-facile*

QUANTITÉ

*4 petits pots*

PRÉPARATION

*20 min*

CUISSON

*15 min*

REPOS

*30 min*

CONGÉLATION

*Se congèle.*

CONSERVATION

*Se conserve de 2 à 3 jours au réfrigérateur.*

CATÉGORIES

*Léger ◆ Végétalien ◆ Sans œufs*
*Sans lactose ◆ Sans gluten*

# PETITS POTS DE CRÈME & DE COMPOTE AUX ORANGES SANGUINES

INGRÉDIENTS

POUR LA COMPOTE

*4 oranges sanguines, pelées à vif et coupées en cubes*

*2 petites pommes, pelées et coupées en petits cubes*

*Le zeste et le jus de 1 citron*

*2 c. à soupe de sucre*

POUR LA CRÈME À LA VANILLE

*1 boîte (540 ml) de haricots blancs faibles en sel, rincés et égouttés*

*3 c. à soupe de sirop d'érable*

*2 c. à thé d'huile de coco, fondue*

*2 c. à thé d'extrait de vanille*

*2 c. à thé de vinaigre de cidre*

POUR LA GARNITURE

*¼ tasse de pistaches, hachées*

*¼ tasse de riz soufflé*

*1 c. à thé d'huile de coco*

*¼ tasse de sirop d'érable*

ÉTAPES

01 Dans une petite casserole, à feu moyen, combiner tous les ingrédients « pour la compote », puis cuire à découvert de 8 à 10 minutes en remuant à l'occasion. Laisser refroidir complètement.

02 Au robot-mélangeur, broyer tous les ingrédients « pour la crème à la vanille » jusqu'à l'obtention d'une texture homogène et crémeuse, puis réserver.

03 Dans une poêle, à feu moyen, faire revenir les pistaches et le riz soufflé de 1 à 2 minutes. Ajouter l'huile de coco et le sirop d'érable, puis laisser caraméliser de 2 à 3 minutes. Étendre le mélange sur une feuille de papier parchemin, puis laisser refroidir.

04 Dans 4 petits pots, verser la moitié de la crème, la moitié de la compote et la moitié de la garniture. Répéter pour former un autre étage, puis déguster.

SAVON

# REMERCIEMENTS

*Alex*, une toute nouvelle histoire a débuté pour nous durant la création de ce troisième livre, et je veux souligner la force avec laquelle tu as respecté nos engagements. La pureté de nos intentions, notre sincérité et notre ardent désir de devenir de meilleurs humains ont toujours pris le dessus dans notre relation, tant professionnelle que personnelle, même quand on n'y croyait plus, et ça résonne si fort en moi. Je nous souhaite de continuer à mettre notre potentiel respectif en lumière et de ne jamais le perdre de vue, même quand il fait si sombre. En feuilletant le livre, je vois les innombrables heures que tu as passées à travailler sur le développement de ton art, et franchement, ça a porté ses fruits. Tes photos de bouffe sentent bon. Tu mérites d'être fier de ta passion et de ce que tu en fais.

*Sofia*, si ce n'était pas de toi, *Trois fois par jour* ne serait pas ce que c'est en train de devenir. Je te remercie de m'avoir soutenue dans les périodes les plus difficiles et d'avoir célébré avec moi chaque petite victoire. Tu as récupéré mes moments de doute et de silence pour les transformer en un énorme moteur qui fait avancer les idées qui naissent dans ma tête. Derrière ton petit visage angélique se cache un pilier solide comme le béton et 1 001 qualités du cœur.

*Anne*, je te l'ai dit et je te le redis, l'humilité dont tu fais preuve est rare. J'ai l'impression que le simple fait de savoir que tu fais de ton mieux te suffit, et c'est inspirant. Tu as été le cerveau rassembleur derrière ce livre, et si j'avais à te décerner un trophée, ce serait celui de la personne s'étant la plus illustrée en matière de *multitasking*. Tu n'as pas manqué une seule séance photo ni une opportunité de rendre cet ouvrage magnifique, et le résultat est là. Tu es partout et c'est si beau.

*Gen*, ta passion pour la cuisine est contagieuse et tu as tellement saisi l'essence de ce qui m'inspire que j'ai souvent l'impression que tu voyages dans ma tête. Tu apportes tant de couleur et de fraîcheur aux pages de ce livre, et je veux saluer ton dévouement, ton amour pour le beau et le bon, puis les petites chansons que tu fredonnes en travaillant. Ça fait du bien.

*Noémie*, tu es comme l'ingrédient secret qui ajoute un peu de douceur au livre. Ça faisait si longtemps que je voulais collaborer avec toi, et ça fait du bien d'avoir enfin trouvé une personne sur terre qui abuse du thé matcha et de la noix de coco autant que moi (au grand désespoir de notre *Véro*). Merci d'avoir fait une place à *Trois fois par jour* dans ta vie si mouvementée.

*Virginie*, je ne sais même pas si tu réalises à quel point ton talent est beau, différent et grand. Je veux te remercier de t'être rendue disponible dans des moments où nous manquions de gaz. Quand tu débarques, c'est comme un vent frais durant la canicule, ça fait tant de bien, instantanément.

Toute l'équipe chez *Trois fois par jour*, dont *Mel*, *Véro*, *Candice* et *Laurence*, je pourrais écrire un quatrième livre tellement j'ai de belles choses à dire sur vous toutes. Mais j'espère plutôt arriver à vous transmettre toute ma reconnaissance à travers le quotidien qu'on partage.

Toute l'équipe des *Éditions Cardinal* (allô, *Antoine Ross Trempe)*, vous êtes là depuis le jour 1 et c'est agréable de voir qu'une relation « d'affaires » peut perdurer sainement dans le temps et en devenir une « d'amitié ».

Et vous qui avez acheté ce livre dans le but de cuisiner, pour vous ou pour vos proches, pour le plaisir ou pour renverser des peurs, merci. Merci de prendre le temps de prendre soin de vous, parce que finalement, à force de se faire plaisir, on apprend à faire plaisir aux gens autour de soi, et c'est tellement important.

—

MARILOU

# INDEX

PAR ORDRE
ALPHABÉTIQUE

# INDEX

## PAR CHAPITRES





### LES BRUNCHS SUCRÉS 29



### LES FRUITS 59



### À LA CUILLÈRE 85

# LES BISCUITS, MUFFINS & PAINS 111



# LES BARRES & CARRÉS 135



# LES DESSERTS GLACÉS 157



# LES TARTES 183



# LES GÂTEAUX 209



# LES LÉGUMES & LÉGUMINEUSES CAMOUFLÉS 241

# INDEX

## PAR CATÉGORIES

### À OFFRIR



### POUR RECEVOIR



### ÉCONOMIQUE

## RAPIDE



## LÉGER

## VÉGÉTALIEN



## SANS ŒUFS



## SANS NOIX

## SANS LACTOSE



## SANS GLUTEN

MERCI AUX ARTISANS ET AUX BOUTIQUES
QUI ONT GÉNÉREUSEMENT MIS À NOTRE DISPOSITION
LEURS CRÉATIONS OU CERTAINS ARTICLES
POUR LA RÉALISATION DE CE LIVRE.

—

Arthur Quentin

Casa Luca

Cœur d'artichaut

Gaïa

VdeV

Zone

MERCI AU **CENTRE D'ART AGROTOURISTIQUE
CŒUR DE POMME** DE NOUS AVOIR ACCUEILLIS LE TEMPS D'UNE
JOURNÉE POUR PHOTOGRAPHIER QUELQUES RECETTES.

MERCI À **PRAIRIES** DE NOUS AVOIR
GRACIEUSEMENT OFFERT FLEURS ET FEUILLAGES
POUR LA RÉALISATION DE CE LIVRE.

MIXTE
Papier issu de
sources responsables
FSC® C011825